Detlef Merten

Der Katte-Prozeß

SCHRIFTENREIHE
DER JURISTISCHEN GESELLSCHAFT e.V.
BERLIN

Heft 62

W DE G

1980

DE GRUYTER · BERLIN · NEW YORK

Der Katte-Prozeß

Von

Detlef Merten

Vortrag
gehalten vor der
Berliner Juristischen Gesellschaft
am 14. Februar 1979

1980

DE GRUYTER · BERLIN · NEW YORK

Dr. jur. Dr. rer. pol. Detlef Merten

o. Professor für Öffentliches Recht,
insbes. Wirtschaftsverwaltungsrecht und Sozialrecht,
an der Hochschule für Verwaltungswissenschaften Speyer

CIP-Kurztitelaufnahme der Deutschen Bibliothek

Merten, Detlef:
Der Katte-Prozeß : Vortrag gehalten vor d.
Berliner Jurist. Ges. am 14. Februar 1979 /
von Detlef Merten . — Berlin, New York : de
Gruyter, 1980.

(Schriftenreihe der Juristischen Gesellschaft e. V. Berlin ; H. 62)
ISBN 3-11-008290-X

Satz und Druck: Saladruck, Berlin 36
Bindearbeiten: Berliner Buchbinderei Wübben & Co., Berlin 42

Vorwort

Die nachfolgenden Ausführungen geben den leicht überarbeiteten und mit Fußnoten versehenen Text des Vortrags wieder, den der Verfasser am 14. Februar 1979 vor der Berliner Juristischen Gesellschaft im Vortragssaal des Museums für Deutsche Volkskunde gehalten hat. Im Anschluß an den Vortrag eröffnete das Geheime Staatsarchiv Preußischer Kulturbesitz die Ausstellung „Kronprinzen-Prozeß und Katte-Urteil – zum 275. Geburtstag Hans Hermann Kattes am 28.2.1979".

Für liebenswürdige Unterstützung und freundliche Förderung sei an dieser Stelle dem Präsidenten der Stiftung Preußischer Kulturbesitz, Herrn Professor Dr. Werner Knopp, Frau Dr. Cécile Lowenthal-Hensel, Herrn Dr. Bennighoven und Herrn Dr. von Schroeder vom Geheimen Staatsarchiv Preußischer Kulturbesitz, Herrn Martin von Katte, Bad Wimpfen, Herrn Herbert Harrer von der Hermann-Burte-Gesellschaft, Lörrach, Herrn Professor Dr. Walter Huder vom Alfred-Kerr-Archiv, Berlin, sowie Herrn Hans-Ingo Appenzeller vom Verein „Freunde des Lerchennests", Steinsfurt, gedankt. Frau Wiltrud Wedlich, Speyer, die mir bei den Transkriptionen geholfen hat, danke ich herzlich.

Detlef Merten

Inhalt

   I. Der Fluchtversuch des Kronprinzen 7
  II. Der Kronprinz und Katte 12
 III. Der Vater-Sohn-Konflikt 17
 IV. Zur Strafrechtspflege in Preußen 25
  V. Das kriegsgerichtliche Verfahren 31
 VI. Der Spruch des Königs 39
VII. Der Weg Preußens in den Rechtsstaat 45

,,Der freie Tod nur bricht
die Kette des Geschicks"
Schiller

Für Gazetten-Schreiber, Wirtshaus-Parlamentarier und Fern-
seh-Professoren wäre das Geschehen um Katte, wenn es nicht
scheinbar so hoffnungslos unmodern wäre, ein ideales Thema: Die
Decouvrierung eines absolutistischen und militaristischen Solda-
tenkönigs, der nach autoritärer Edukation und mangelhafter Sozia-
lisation seines Sohnes auf dessen Bemühen um Selbstverwirkli-
chung mit Repressionen reagiert, Richtersprüche ignoriert, Fluchthelfer exekutiert und ein Exempel statuiert. Preußen also doch ein
Hort des Militarismus und der Reaktion, wie uns jenes Kontroll-
ratsgesetz von 1947[1] glauben machen wollte?

I. Der Fluchtversuch des Kronprinzen

1. Der äußere Hergang des folgenschweren Fluchtversuchs ist
bekannt[2]: Als Friedrich Wilhelm I. im Sommer des Jahres 1730 eine
Reise zu den süd- und westdeutschen Höfen – nicht nur zu Be-

---

[1] Vgl. die Präambel des Gesetzes Nr. 46 des Alliierten Kontrollrates vom
25. 2. 1947 betr. die Auflösung Preußens: ,,The Prussian State which from early days
has been a bearer of militarism and reaction in Germany ...", abgedruckt in: Dokumente des geteilten Deutschland, hrsg. von Ingo v. Münch (Stuttgart 1968)
S. 54 f.; siehe hierzu auch *Gerhard Oestreich*, Einleitung zu Carl Hinrichs, Preußen
als historisches Problem (Berlin 1964) S. 1 ff.; *Ulrich Scheuner*, Der Staatsgedanke
Preußens (Köln, Graz 1965) S. 2 f., sowie *mein* Vorwort zum Neudruck von Conrad
Bornhak, Preußische Staats- und Rechtsgeschichte (1979).
[2] Vgl. *Reinhold Koser*, Geschichte Friedrichs des Großen, 6./7. Aufl. Bd. I
(Stuttgart, Berlin 1921) S. 38 ff.; *Thomas Carlyle*, Geschichte Friedrichs des Zweiten
genannt der Große, hrsg. von Georg Dittrich Bd. II (Meersburg 1928) S. 156 ff., insbes. S. 178 ff.; *Leopold von Ranke*, Zwölf Bücher preußischer Geschichte, 5. Buch,
5. Kap.: Fluchtversuch des Kronprinzen und dessen Folgen in: *ders.*, Preußische Geschichte, hrsg. von Willy Andreas (Wiesbaden o. J.) Teil I S. 471 ff.; *Droysen*, Geschichte der Preußischen Politik, 4. Teil, 3. Abt. Friedrich Wilhelm I. König von
Preußen, 2. Bd. (Leipzig 1869) S. 104 ff.; *Johann Davia Erdmann Preuß*, Friedrich
der Große Bd. I (Berlin 1832) S. 40 ff.; *Ernest Lavisse*, Die Jugend Friedrichs des

8

suchs- und Studien-, sondern auch zu „Bekehrungs"-Zwecken[3] –
unternahm, wollte Friedrich, Oberstleutnant im Regiment des Königs, bei sich bietender Gelegenheit entweichen und ins Ausland
fliehen. Über Bamberg und Nürnberg gelangte die Reisegesellschaft
nach Ansbach an den Hof des Markgrafen, dem im Vorjahr die
zweite Tochter des Königs, Friederike, vermählt worden war.
Nach einem Aufenthalt von mehreren Tagen ging es Ende Juli über
Augsburg nach Ludwigsburg zu einem Besuch des Herzogs von
Württemberg. Weiter auf der Fahrt nach Mannheim hielten der
König und seine Suite am Abend des 4. August in der Nähe von
Sinsheim in dem kleinen Dorf Steinsfurth, das zu jener Zeit wohl
rund 500 Seelen gezählt hat.

Die Feldbetten wurden in Scheunen aufgeschlagen. Der Kronprinz übernachtete beim Bauern Lerch und soll scherzhaft vom
„Lerchennest" gesprochen haben. Jedenfalls führt der Hof seitdem
diese Bezeichnung[4]. Auf der anderen Seite der Straße befand sich
die Scheune, in der der König schlief. Der Aufbruch wurde für den
folgenden Tag auf fünf Uhr morgens festgesetzt.

Mehr als zwei Stunden vor dem verabredeten Zeitpunkt schickt
sich der Kronprinz an, das Lager zu verlassen. Sein Aufbruch wird
jedoch von der aufmerksamen und mißtrauischen, weil schon gewarnten, Umgebung bemerkt, womit der Fluchtversuch gescheitert
ist, bevor der Page von Keith wie verabredet mit zwei Pferden erscheint, die er in Steinsfurth oder im benachbarten Sinsheim beschafft haben dürfte. Dem König bleibt der Vorgang noch verborgen.

In Mannheim empfängt der Kurfürst von der Pfalz die Gäste.
Hier dringt Friedrich nochmals in den Pagen von Keith, ihm Post-

---

Großen, 1712–1733, übersetzt von v. Oppeln-Bronikowski (Berlin 1919) S. 129 ff.
Von erheblichem historischen Wert ist das Reisejournal Seckendorffs vom 15. Juli
bis zum 26. August 1730, das, bisher nur in Bruchstücken abgedruckt, vor kürzerer
Zeit im wesentlichen unverändert von *Hans Wagner* veröffentlicht wurde. Vgl.
ders., Das Reisejournal des Grafen Seckendorff vom 15. Juli bis zum 26. August 1730
in: Mitteilungen des österr. Staatsarchivs 10 (1957) S. 186 ff., insbes. S. 195 ff.
   [3] Um die deutschen Fürsten für die gemeinschaftliche Sache Österreichs und
Preußens zu gewinnen. Vgl. *Alfred Arneth*, Prinz Eugen von Savoyen Bd. III (Wien
1858, Neudruck Osnabrück 1978) S. 271 f.; *Droysen* (FN 2) S. 104.
   [4] Das noch erhaltene kleine Bauernhaus und die Scheune dienen heute als Gedenkstätte, in der Dokumente, Abbildungen und Erinnerungsstücke aus jener Zeit
liebevoll zusammengetragen sind. Für *Preuß* (FN 2) S. 40 Fußn. 2 ist der Name des
Dorfes noch „auf keine Weise zu ermitteln gewesen."

pferde zur Flucht zu verschaffen. In seiner Bedrängnis wirft dieser sich tags darauf nach dem sonntäglichen Kirchgang dem König zu Füßen und gesteht. Friedrich Wilhelm I. – noch nicht im Besitz aller Informationen und auf fremdem Hoheitsgebiet – befiehlt zunächst nur, den Prinzen scharf zu bewachen. Die Reise geht über Darmstadt, Frankfurt und Bonn weiter.

Im ganzen war die Flucht unzulänglich geplant und vorbereitet. Hier werden weder die Züge des später überragenden Feldherrn offenbar, noch zeigt sich die vielzitierte ,,fortune"[5], die ihm so oft und am wirksamsten wohl mit der Thronbesteigung Zar Peters III. zu Hilfe kam. Es sind aber schon Wagemut und Risikobereitschaft zu erkennen – Eigenschaften, die Friedrich als König in Politik und Kriegführung auszeichnen.

2. Zwei Freunde und Vertraute des Kronprinzen waren in die schon früher gefaßten, mehrfach geänderten Fluchtpläne eingeweiht und sollten ihn ins Ausland begleiten. An Leutnant Peter Christoph Karl von Keith, den älteren Bruder des schon erwähnten Pagen, hatte Friedrich während der Reise aus Triesdorf geschrieben, er möge die Garnison in Wesel verlassen, sich nach dem Haag begeben und dort Verbindung mit dem früheren holländischen Gesandten in Berlin aufnehmen. Keith folgte dieser Weisung und verschwand aus Wesel am 6. August, jenem Sonntag, an dem sich sein jüngerer Bruder dem König entdeckte. Schon dieser Zeitpunkt widerlegt Berichte, nach denen Leutnant von Keith durch ein Billet Friedrichs von der gescheiterten Flucht unterrichtet und gewarnt worden sein soll[6]. Der phantasievolle *Carlyle*[7] meint, Keith habe ohne Zweifel etwas ,,gewittert". Wahrscheinlicher ist die Darstel-

---

[5] Vgl. z. B. sein Schreiben an Lord Marschall George Keith vom 18. Juni 1757 nach der Schlacht von Kolin: ,, . . . La fortune m'a tourné le dos. Je devais m'y attendre; elle est femme, est je ne suis pas galant . . ." (Œuvres de Frédéric le Grand, Tome XX [Berlin 1852] S. 298).

[6] So *Franz Kugler*, Geschichte Friedrichs des Großen (Leipzig o. J.); *Preuß* (FN 2) S. 41 f. Wahrscheinlich liegt hier eine Verwechslung mit dem Zettel vor, den der Kronprinz am hessischen Hof dem *Pagen* von Keith zusteckte und in dem er ihn zur Flucht aufforderte, weil es schlecht um sie beide aussehe, vgl. *Koser* a. a. O. (FN 2) S. 42; ähnlich *Pierre Gaxotte*, Friedrich der Große, 4. Aufl. (1974) S. 71. Eine andere Darstellung gibt *Wilhelmine* (Eine preußische Königstochter – Denkwürdigkeiten der Markgräfin von Bayreuth, hrsg. von Armbruster [München 1910] S. 158 f.), wonach der Leutnant von Keith die Nachricht von der Festsetzung des Kronprinzen zufällig von einem Pagen des Fürsten von Anhalt erfahren haben soll.

[7] A. a. O. (FN 2) S. 193.

lung *Kosers*[8], Keith sei abredegemäß aus Wesel geflohen, ohne um die Vorgänge in Steinsfurth gewußt zu haben.

Das Kriegsgericht fällte später den vom König auch bestätigten Spruch, der desertierte Keith sei „durch den Trommelschlag nach Krieges Manier draymahl zu citiren, mit Verwarnung, daß im fall außenbleibens vor infam declarirt, der degen zerbrochen, und er in effigia aufgehangen werden soll[9]." *Carlyle*[10] schmückt die atavistisch und magisch anmutende Urteilsvollstreckung aus und ergänzt sie durch eine vorherige Vierteilung des Bildnisses. Nun war zwar in Preußen für „boshafte Verräterey" die Strafe der Vierteilung bekannt[11], ist aber nach den Akten des Kriegsgerichts gegen keinen Angeklagten verhängt worden.

Keith entkam nach England, trat später in portugiesische Dienste und kehrte im Jahre der Thronbesteigung Friedrichs in die Heimat zurück[12]. Noch 1740 zum Oberstleutnant befördert, wurde er sieben Jahre danach zu einem der Kuratoren[13] der Königlich Preußischen Societät (später: Akademie) der Wissenschaften in Berlin[14] ernannt, deren Ehren-Mitglied er schon 1744 geworden war. Nachträglich soll sich der große König noch auf sehr taktvolle Weise erkenntlich gezeigt haben. *Carlyle*[15] schildert unter Berufung auf den Reisebericht von Jonas *Hanway*, Friedrich habe Keith für – in Wirklichkeit gar nicht entstandene – Manöverschäden auf dem Gut seiner Schwiegermutter Knyphausen[16] eine „hübsche Schatulle" mit 10 000 Talern überreicht.

---

[8] A. a. O. (FN 2) S. 42; ebenso *Carl Hinrichs*, Der Kronprinzenprozeß – Friedrich und Katte (Hamburg 1936) S. 186 Fußn. 1 zu S. 27.

[9] Sentenz des Kriegsgerichts vom 28. 10. 1730, Brandenburg-Preußisches Hausarchiv (BPH) Rep. 47 Nr. A 14, 4 (letzte Seite, Bl. 91); insoweit bei *Hinrichs* (FN 8) nicht abgedruckt (vgl. a. a. O. S. 131, Anm. 1 und S. 193).

[10] A. a. O. (FN 2) Bd. II S. 209.

[11] Vgl. *Eberhard Schmidt*, Friedrich der Große als Kronprinz vor dem Kriegsgericht in: Beiträge zur gesamten Strafrechtswissenschaft, Festschrift für Hellmuth Mayer (Berlin 1966) S. 18 in und zu Fußn. 10.

[12] Vgl. hierzu *Carlyle* (FN 2) Bd. III, S. 23; eingehend informiert über seinen Lebensweg die „Eloge de Mr. de Keith", die *Formey* nach dessen Tod (27. 12. 1756) hielt (Histoire de l'Académie Royale des Sciences et Belles Lettres, 1756 S. 533 ff.).

[13] Vgl. *Adolf Harnack*, Geschichte der Königlich Preußischen Akademie der Wissenschaften zu Berlin Bd. I (Berlin 1900) S. 465 f.; siehe auch *Carlyle* (FN 2) Bd. IV S. 308.

[14] Sie war die älteste und angesehenste der deutschen Akademien, 1700 von Kurfürst Friedrich nach den Plänen von Leibniz und mit maßgeblicher Förderung der Kurfürstin Sophie Charlotte gegründet. Vgl. hierzu *Harnack* a. a. O. S. 34–69.

[15] (FN 2) Bd. IV S. 226 f.

[16] Keith hatte im August 1742 Ariane Luise Freiin von Inn- und Knyphausen geheiratet (Quelle: Geheimes Staatsarchiv Preußischer Kulturbesitz, VIII B 30:

3. In den August-Tagen des Jahres 1730 verschlechtert die Nachricht von der Desertion des Leutnants Keith, die den König in Geldern erreicht, die Situation Friedrichs entscheidend. Hatte Friedrich Wilhelm I. bis dahin – auch infolge der Intervention des kaiserlichen Gesandten von Seckendorff[17] – dem Vorfall keine allzu große Bedeutung zugemessen und Nachsicht angedeutet[18], so muß er nun eine größer angelegte Aktion vermuten. Er glaubt an eine weitverzweigte, von ausländischen Mächten unterstützte Verschwörung der Oppositionspartei am Hofe und scheint sogar um sein Leben gefürchtet zu haben[19]. Er läßt Friedrich sofort in das nahegelegene preußische Wesel bringen, ein Städtchen in der Grafschaft Kleve, 1666 endgültig an Brandenburg gekommen und seitdem zur Festung, insbesondere auch unter Friedrich Wilhelm I.[20], ausgebaut. Der König trifft hier am Abend des 12. August ein und verhört noch zu später Stunde den Kronprinzen. Nach vielfach kolportierten, im wesentlichen aber von Seckendorff[21] verbürgten Berichten ist es zu

---

Sammlung LaRoche, I, Nr. 1318 und 5880), die Tochter jenes Staatsministers Friedrich Ernst Freiherr von Inn- und Knyphausen, der auf dem Höhepunkt der Kronprinzen-Krise als Gegner der Österreich-Politik zurücktreten und dem Schwiegersohn Grumbkows, Heinrich von Podewils, Platz machen mußte (vgl. *Koser* (FN 2) Bd. I S. 50; *Droysen* (FN 2) S. 109; *Gaxotte* (FN 6) S. 98); Zur politischen Resonanz in Wien vgl. auch *Max Braubach,* Prinz Eugen von Savoyen Bd. IV (München 1965) S. 324.

[17] Der Wiener Hof, insbesondere Prinz Eugen, war zwar einerseits an der Aufdeckung der Intrigen am Berliner Hof interessiert, wollte aber andererseits den Kronprinzen zum Dank verpflichten und ihn, wenn er schon nicht die Partei des Kaisers ergriffe, doch von der Abneigung abbringen. Daher wurde Seckendorff beauftragt, seinen Einfluß auszunutzen, um den König von übertriebener Strenge abzuhalten, seinen Zorn zu besänftigen und dem Prinzen nach Möglichkeit beizustehen. Vgl. *Arneth* (FN 3) Bd. III S. 273 f. u. S. 570 f., *Braubach,* (FN 16) S. 325 f. Seckendorff hatte allerdings „wegen des Cronprinzen sehr falschen, verborgenen und heimtückischen Gemüth wenig Hofnung zu einer Beständigkeit vor die kays. Allianz in Zukunft (*Arneth* a. a. O. S. 571 Fußn. 72). Kaiser Karl VI. richtete sogar ein eigenhändiges Schreiben mit der Bitte um Begnadigung an König Friedrich Wilhelm I. (Wien, 11. 10. 1730, abgedruckt in: Fürsprache – Monarchenbriefe zum Kronprinzen-Prozeß Küstrin 1730 (Berlin 1965) S. 15 f.). Hierzu auch *Arneth* a. a. O. S. 274.

[18] Vgl. *Seckendorff,* Reisejournal vom 12. August 1730, abgedruckt bei *Wagner* (FN 2), S. 233; siehe auch *Carlyle* (FN 2) Bd. II, S. 188 f.; *Koser* (FN 2) Bd. I S. 42.

[19] Seckendorff, Reisejournal vom 14. August 1730, abgedruckt bei *Wagner* a. a. O., S. 235.

[20] Der insbesondere das Berliner und das Zitadellentor 1722 und 1718 als Abschluß der Befestigung vollendete, vgl. *Karl Westermann,* Geschichte der Stadt Wesel (Wesel 1927) S. 69.

[21] Vgl. das Seckendorffsche Reisejournal vom 12. August 1730 (abgedruckt bei *Hans Wagner* [FN 2] S. 234): „Als der könig in seinem quartier vom gouverneur im

heftigen Auseinandersetzungen gekommen, in deren Verlauf sich der Kommandant von Wesel, Generalmajor von der Mosel, zwischen Vater und Sohn geworfen haben soll, um Friedrich zu schützen[22]. Dieser wird jetzt unter Arrest gestellt, noch mehrmals verhört und am 23. August unter strenger Geheimhaltung und scharfer Bewachung auf die ferne Festung Küstrin geschickt. Wegen der von ihm vermuteten Verschwörung gibt der König dem kommandierenden Generalmajor von Buddenbrock sehr detaillierte und umsichtige Instruktionen[23]: Die Reiseroute wird exakt vorgeschrieben, wobei vor allem hessische und hannoversche Gebiete zu meiden sind; von Wesel bis zum brandenburgischen Halle soll an kein Schlafen und Anhalten gedacht werden; die unvermeidbaren Reiseunterbrechungen haben auf freiem Feld zu geschehen; im übrigen soll der Arrestant lebendig oder tot in Küstrin abgeliefert werden; bei einem unverhofften Überfall habe Buddenbrock dafür zu sorgen, ,,daß die andern Ihn nicht anders als tot bekommen.''[24]

II. Der Kronprinz und Katte

1. Aus Triesdorf hatte der Kronprinz nicht nur an Keith, sondern auch an den zweiten Vertrauten, seinen wohl engsten Freund, den Leutnant Hans Hermann von Katte, geschrieben.

Wesel, dem general von Mosel, angelangt, ließ er sogleich den cronprintz in sein zimmer kommen, der zwar an könig versprochen, alles getreulich zu entdecken. Da er aber fast auff gleiche art an zu sprechen fieng, wie er gegen dem general Seckendorff in Bonn gethan, hat sich der könig darüber um so mehr ereyffert, weil man schon wuste, daß der entflüchtete lieutenant Keuth den weg nach Holland genommen. Dahero der könig den cronprintz mit dem stock ins gesicht gestoßen, selbigen den degen von der seiten gerißen und sogleich den generalmajor Mosel ruffen laßen, der ihn oben in ein zimmer des eigensten haußes bringen und mit doppelter schildwach verwahren laßen müßen.''
[22] Vgl. Memoiren der Markgräfin *Wilhelmine* von Bayreuth (Leipzig 1910) Bd. I S. 172 f.; hierauf stützen sich offensichtlich *Carlyle* (FN 2) Bd. II S. 192; *Kugler* (FN 6) S. 64; *Koser* (FN 2) Bd. I S. 43.
Seckendorff, der über den Verlauf des Abends eingehend berichtet (vgl. FN 2), erwähnte den letzteren Vorfall nicht, so daß ihn auch *Hinrichs*, Der Kronprinzenprozeß (FN 8) S. 186, Fußn. 5 zu S. 27, zu Recht als ,,unverbürgt'' bezeichnet.
[23] ,,Instruction vor den General Major v. Bodenbruch, auf was Art Er des Königs Sohn Friederich von Wesel nach Cüstrin wohl verwahrlich bringen soll'', Wesel, 19. August 1730 (BPH Rep. 47 A 143 B ad vol. IV, abgedruckt bei *Hinrichs*, Der Kronprinzenprozeß (FN 8) S. 37 f.).
[24] Instruction Nr. 12, *Hinrichs* a. a. O. S. 38.

Dieser – acht Jahre älter als Friedrich, Sohn eines Generals und
Enkel eines Feldmarschalls[25] – war Gardekürassier-Offizier bei
dem „vornehmsten Regiment der Christenheit", den später legen-
dären Gensd'armes[26], königliche Leibgarde wie ihr französisches
Vorbild und eines der ältesten und angesehensten preußischen Regimenter, in dem die renommierten Adligen dienten[27]. Die Zuge-
hörigkeit zu diesem Eliteregiment sollte bei der kriegsgerichtlichen
Verurteilung noch eine Rolle spielen.

Katte war Nachfolger jenes Keith, den der König als Leutnant
nach Wesel versetzt hatte, weil er dessen verderblichen Einfluß auf
seinen Sohn fürchtete[28]. Katte soll warmherzig, aber auch ehrgeizig, begeisterungsfähig, aber nicht sehr prinzipienfest gewesen
sein[29]. 1717 bis 1721 im Paedagogium Regium zu Halle unter Lei-
tung des großen Pietisten August Hermann Francke[30] erzogen,

[25] Vgl. *Koser*, Art. Katte in: Allgemeine Deutsche Biographie Bd. 15 (1882, Neudruck 1969) S. 455.
[26] Errichtet zwischen 1691 und 1692 unter Kurfürst Friedrich III. von dem da-
maligen Obristen v. Natzmer, im Laufe der Zeit ausgebaut, wenn auch zwischen-
durch reduziert, zählte es bei der Thronbesteigung Friedrich Wilhelms I. 1 Esqua-
dron, beim Regierungsantritt Friedrichs des Großen 5 Esquadrons (hierzu Herzog
August Wilhelm von Braunschweig-Bevern, Geschichte der churfürstlich Brand-
burgischen und nachherigen königlich Preußischen Armee [Berlin 1886, Neudruck
Osnabrück 1976], S. 244 ff., 20 ff., 27 ff., 35 ff.; ferner *Curt Jany*, Geschichte der
Preußischen Armee, 2. Aufl. [Neudruck Osnabrück 1967] Bd. 3 S. 665, Bd. 1 S. 392
und 653). Unter Friedrich dem Großen zeichnete es sich bei Soor, Rossbach, Zorn-
dorf und Hochkirch aus (vgl. *Christopher Duffy*, Friedrich der Große und seine
Armee [Stuttgart 1978] S. 388). In Fontanes „Schach von Wuthenow" heißt es, das
dritte Hauptstück der drei preußischen Glaubensartikel laute, eine Schlacht sei nicht
verloren, solange das Regiment Garde du Corps nicht angegriffen habe „oder natür-
lich auch das Regiment Gensdarmes. Denn sie sind Geschwister, Zwillingsbrüder".
Der allgemeine geistige und militärische Verfall in der nachfriderizianischen Epoche
spiegelte sich auch in diesem Regiment wider und wird von *Fontane* meisterhaft be-
schrieben. In der Schlacht bei Jena blieb das Regiment in Reserve, kapitulierte auf
dem Rückzug in Pommern kampflos und wurde nie wieder aufgestellt (vgl. *Jany*
a. a. O. Bd. 3 S. 581; *Hermann Teske*, Berlin und seine Soldaten – 200 Jahre Berliner
Garnison [Berlin 1968] S. 20; *Pierre-Paul Sagave*, Der geschichtliche Hintergrund in
Fontanes „Schach von Wuthenow", in: *Fontane*, Schach von Wuthenow, Dichtung
und Wirklichkeit [Frankfurt, Berlin 1966] S. 120).
[27] Vgl. *Hermann Teske*, Berlin und seine Soldaten (FN 26) S. 20.
[28] Vgl. *Koser* (FN 2) Bd. I S. 31 f.; *Kugler* (FN 6) S. 53.
[29] Vgl. *Koser* (FN 2) Bd. I S. 32.
[30] Vgl. hierzu *Carl Hinrichs*, Der Hallische Pietismus als politisch-soziale Re-
formbewegung des 18. Jahrhunderts in: ders., Preußen als historisches Problem
(Berlin 1964) S. 171 ff.; vgl. dens., Friedrich Wilhelm I., König in Preußen, 2. Aufl.
(Hamburg 1941) S. 561 ff.; umfassend ders., Preußentum und Pietismus (Göttingen
1971); ferner *Ernst Klein*, Der preußische Absolutismus in: Preußen – Epochen und
Probleme seiner Geschichte, hrsg. von Richard Dietrich (Berlin 1964) S. 82 f.

hatte er seine Studienjahre in Königsberg und Utrecht verbracht; Bildungsreisen hatten ihn nach England und Italien geführt. Diesem Werdegang verdankte er überragende Bildung, weltmännische Gewandtheit und gute Manieren, mit denen er in Berlin angenehm auffiel[31]. Zeitgenossen berichten von seiner kleinen Gestalt, seinem finsteren Gesichtsausdruck, den dicht zusammengewachsenen Augenbrauen[32], von denen die Dorfbuben auf den elterlichen Gütern gesungen haben sollen: ,,Wer Augenbrauen hat, wie der Ritter Katt, kommt an den Galgen oder aufs Rad[33]``. Vielleicht war es dieser äußere Eindruck, der Friedrich zunächst Distanz halten ließ. Katte berichtet in einem der Verhöre, der Kronprinz habe ihm anfangs ,,übel gewollt``[34]. Aber durch Vermittlung von Kattes Schulkameraden aus Halle und infolge der gemeinsamen geistigen und musischen Interessen – auch Katte spielte Traversflöte – ergab sich bald ein so enges und freundschaftliches Verhältnis[35], daß der Kammerdiener Gummersbach später aussagte, Katte wäre gekommen, ,,wann er gewollt und wann er bei dem Kronprinzen gewesen, hätte niemand dabeisein dürfen``[36].

2. Von den mehreren Fluchtplänen des Kronprinzen war Katte zumindest in die beiden letzten eingeweiht. Friedrich hatte mit ihm während eines einmonatigen Besuchs des preußischen Hofes in Sachsen bei August dem Starken von Ende Mai bis Ende Juni 1730 wiederholt über ein Entweichen gesprochen. Katte hatte ihm auch eine Liste der Poststationen zwischen Leipzig und Frankfurt am Main beschafft. Aber als der sächsische Minister Graf Hoym, ohne dessen Erlaubnis niemand Pferde zum Verlassen des Lagers erhalten konnte, von dem Wunsche ,,zweier Offiziere`` erfuhr, unbemerkt einen Ausflug nach Leipzig zu unternehmen, lächelte er nur ver-

---

[31] Zum Lebensweg vgl. insbesondere *Martin von Katte,* Hans Hermann Katte in: Das Lerchennest – Informationen für Mitglieder, Förderer und Interessenten des Vereins ,,Freunde des Lerchennest's e. V.`` Nr. 4 (Steinsfurt 1975). Über den Eindruck in der Berliner Gesellschaft berichtet *Wilhelmine* in ihren Memoiren (FN 6) S. 115; vgl. auch *Koser* (FN 2) S. 32; *Gaxotte* (FN 6) S. 64 f.

[32] *Wilhelmine,* Memoiren (FN 6) S. 115, zitiert von *Carlyle* (FN 6) S. 88 f.; vgl. auch *Hinrichs,* Der Kronprinzenprozeß (FN 8) S. 185.

[33] *Hinrichs* a. a. O.; *Ludwig Reiners,* Friedrich (München 1952) S. 44.

[34] Verhör vom 28. August 1730, abgedruckt bei *Hinrichs,* Der Kronprinzenprozeß (FN 8), S. 55.

[35] Vgl. *Koser* (FN 2) S. 32.

[36] Verhör vom 2. September 1730, zitiert bei *Hinrichs,* Der Kronprinzenprozeß (FN 8), S. 55.

ständnisvoll und fügte bedeutungsschwer hinzu, der Prinz habe Aufseher[37].

Bald nach der Rückkehr aus Sachsen trifft sich der Prinz mit Katte heimlich im Garten von Potsdam, vertraut ihm seine Absicht an, auf der bevorstehenden Reise nach Süddeutschland zu echappieren und nimmt dem Freund das Versprechen ab, seinem Beispiel zu folgen. Das erscheint zu diesem Zeitpunkt um so leichter, als Katte erwartet, in den nächsten Tagen mit seinem Regiment auf Werbung ausgeschickt zu werden. Als Mittelsmann für nähere Absprachen und für den Austausch von Nachrichten soll der im Fränkischen stationierte Vetter, der Werbeoffizier und Rittmeister von Katte, dienen. Am nächsten Tag erhält Leutnant von Katte in Berlin – schon im Besitz von Bargeld und wertvollen Brillanten des Prinzen – weitere persönliche Gegenstände und ein Handschreiben[38].

Auf der Reise erfährt Friedrich in Ansbach durch jenen Rittmeister von Katte, daß der Vetter in Berlin keinen Werbeurlaub erhalten hat. Nunmehr versucht der Prinz, den Rittmeister als Fluchthelfer zu gewinnen, was dieser nicht nur zurückweist, sondern insgeheim auch der ohnehin mißtrauischen Umgebung des Prinzen rapportiert. Aus Triesdorf, nicht weit von Ansbach entfernt, sendet Friedrich sodann die schon erwähnten Briefe an Keith und Katte mit der Aufforderung, sich nach dem Haag zu begeben. Dabei bleibt das Schicksal der Depesche an Katte im Dunkel[39].

Wilhelmine, Lieblingsschwester Friedrichs und spätere Markgräfin von Bayreuth, berichtet in ihren Memoiren[40], die auch sonst eine Fülle von Ungenauigkeiten und Entstellungen enthalten[41], der

---

[37] Vgl. *Koser* (FN 2) S. 34.

[38] Vgl. *Koser* (FN 2) S. 37 f.; der Kronprinz gestand im Verhör vom 12. August 1730 in Wesel, „er hätte dem Katt bei der Abreise die Diamanten von dem Ordenskreuz" (i. e. der polnische Orden vom Weißen Adler, den ihm kurz zuvor August der Starke verliehen hatte) „gegeben, sie zu verkaufen" (BPH Rep. 47 Nr. A 14, 1, abgedruckt bei *Hinrichs*, Der Kronprinzenprozeß (FN 8) Nr. 1 S. 25 f.). Hierzu auch Katte im Verhör vom 27. August 1730 in Berlin (BPH Rep. 47 Nr. A 14, 1, abgedruckt bei *Hinrichs* a. a. O. Nr. 13 S. 39 ff.).

[39] Dem Brief soll ein zweiter beigeschlossen gewesen sein, der in Berlin als „Apologie der Flucht" bleiben sollte und Anklagen gegen den König enthielt (vgl. *Koser* [FN 2] Bd. I S. 39). Möglicherweise hat Katte die Schriftstücke deshalb vernichtet und den Empfang später geleugnet.

[40] Memoiren der Markgräfin *Wilhelmine* von Bayreuth Bd. I (Leipzig 1910) S. 169 und 171; in enger Anlehnung hieran *Kugler* (FN 6) S. 60, 63; *Nancy Mitford*, Friedrich der Große (Frankfurt 1976) S. 43.

[41] Hierzu grundlegend *Droysen*, Die Memoiren der Markgräfin von Baireuth in: Geschichte der Preußischen Politik, 4. Teil, 4. Abt.: Zur Geschichte Friedrichs I.

Brief sei wegen einer unvollständigen Adressierung nicht an den Leutnant, sondern an den Rittmeister von Katte gelangt; dieser habe ihn an den König weitergeleitet, dem er auf der Reise in Frankfurt, also drei Tage nach der gescheiterten Flucht des Prinzen, zugegangen sei.

Dieser Ablauf ist aus mehreren Gründen unwahrscheinlich. Zum einen hatte der König, wie wir bereits wissen, den Vorgang in Steinsfurth wohl für eine Augenblickseingebung seines Sohnes gehalten, änderte seine Ansicht und sein Verhalten aber jäh, als er von der Desertion Keiths aus Wesel erfuhr und sich nunmehr einem vorbereiteten und von dritter Seite unterstützten Fluchtplan gegenübersah[42]. Das größere Ausmaß des Unternehmens hätte er aber schon erkennen müssen, wenn er in Frankfurt tatsächlich den Brief des Prinzen an Katte empfangen hätte. Zum anderen erging der königliche Befehl zur Verhaftung Kattes am 12. August 1730[43] im unmittelbaren Anschluß an das Verhör des Kronprinzen, in dem dieser die Kenntnis und Beteiligung Kattes zugegeben hatte[44]. Da der König ohnehin argwöhnte, man würde Katte vor einer Arrestierung warnen[45], hätte er die Absendung der Verhaftungsordre bei früherer Information wohl kaum vier Tage hinausgezögert. Schließlich hätte das Schreiben im Falle einer Übermittlung nach Frankfurt in den Händen des Königs sein müssen, so daß die Befragung Kattes widersinnig gewesen wäre.

Auffällig ist allerdings, daß der erst am 16. August in Berlin verhaftete Katte[46] bis zu seinem letzten Verhör den Erhalt einer Nachricht aus Triesdorf bestritt. Dabei ist seine Einlassung, er würde je-

---

und Friedrich Wilhelms I. von Preußen (Leipzig 1870) S. 33 ff. Unverständlich ist es daher, daß *Nancy Mitford* (FN 40) – offensichtlich in Unkenntnis dieser Forschungsergebnisse – behauptet, Wilhelmine habe sich in ihren Memoiren „streng an die Wahrheit" gehalten, was durch die Berichte ausländischer Diplomaten bestätigt sei (S. 17).

[42] Vgl. hierzu das Reisejournal Seckendorffs vom 14. August 1730, abgedruckt bei *Wagner* (FN 2) S. 235 f.

[43] Ordre vom 12. August 1730 an Generalmajor v. Glasenapp, gegeben in unmittelbarem Anschluß an das Verhör des Kronprinzen und in der Niederschrift (s. FN 38) erwähnt.

[44] Verhör vom 12. August 1730 (s. FN 38): „Er hätte die Zeit der Reise vor die bequemste gehalten, und aus Triesdorf hätte er an den Lieut. Kat geschrieben, daß er unterwegs gewiß weggehen würde; also sollte er auch fortgehen und suchen zu Ihm nach Straßburg zu kommen;"

[45] Vgl. *Hinrichs,* Der Kronprinzenprozeß (FN 8) S. 34.

[46] Hierzu *Hinrichs* a. a. O.

nen Brief nicht verleugnen, wenn er alle anderen eingestehe[47], an sich nicht unglaubhaft. Zudem hätte Katte dann darauf verweisen können, daß er – anders als Keith – der Aufforderung, sich außer Landes zu begeben, nicht nachgekommen sei. Zum Leugnen bestand ohnehin kein Anlaß, da der Kronprinz bereits bei seinem ersten Verhör in Wesel das Schreiben an Katte erwähnt, als Treffpunkt allerdings nicht Den Haag, sondern Straßburg angegeben hatte[48].

III. Der Vater-Sohn-Konflikt

Die, wie *Fontane* sie später nennt, „Katte-Tragödie"[49] ist nicht nur Höhepunkt eines immer bitterer gewordenen Vater-Sohn-Konflikts, sondern auch Brennpunkt des Aufstiegs Preußens zur europäischen Großmacht, seiner Gefährdung und Verletzbarkeit gerade in diesem historischen Augenblick.

1. Friedrich Wilhelm I. stand lange Zeit im Schatten seines großen Sohnes[50]. In Epochen nationaler Begeisterung Symbol für ,Preußens Gloria', in Zeiten nationaler Erniedrigung ,Inkarnation deutschen Imperialismus', bleibt Friedrich immer der Große – in übertriebener Zuneigung ebenso wie in chauvinistischer Entstellung[51] – und selbst dann noch, wenn ihn die Kleinen der Zeitgeschichte beflissen nur „den Zweiten" nennen.

Die auswärtigen Erfolge des großen Friedrich haben von den staatsmännischen Leistungen seines bedeutenden Vaters abgelenkt,

---

[47] Verhör vom 20. September 1730, zitiert bei *Hinrichs* a. a. O. S. 168 Anm. 6 zu S. 26.

[48] Siehe FN 44.

[49] „Küstrin – Die Katte-Tragödie" in: Wanderungen durch die Mark Brandenburg (Werke in fünf Bänden, hrsg. von Bachmann und Bramböck, Bd. 5 [München 1974] S. 186 ff.); siehe ferner „Wust – Kattes Gruft" a. a. O., S. 202 ff.

[50] Vgl. hierzu *Leo Just*, Der aufgeklärte Absolutismus in: Handbuch der deutschen Geschichte, Bd. 2: Deutsche Geschichte vom Zeitalter der Reformation bis zum Tode Friedrichs des Großen (Konstanz 1956) S. 14.

[51] *Walter Bußmann* bemerkt treffend: „Je stärker das politische Sicherheitsgefühl erschüttert ist, desto geringer scheint das Vermögen zu sein, das historische Größenmaß des Königs zu erkennen. Das als Folge politischer Katastrophen auftretende Bedürfnis, einen einzelnen Menschen oder eine einzelne Ereignisreihe der Vergangenheit auszuwählen und für das erlittene Unrecht verantwortlich zu machen, richtet sich vornehmlich auf Friedrich von Preußen." (Friedrich der Große im Wandel des europäischen Urteils in: Deutschland und Europa, Festschrift für H. Rothfels [Düsseldorf 1951] S. 408); vgl. auch *Hans-Joachim Schoeps*, Die Ehre Preußens in: Üb' immer Treu' und Redlichkeit [Düsseldorf 1978] S. 57 f.

18

den man zu Recht „Preußens größten inneren König" genannt
hat[52]. Er, der Begründer des preußischen Staatsgedankens, der Re-
former von Verwaltung und Wirtschaft, war mehr als der harte
„Soldatenkönig", der jähzornige „König-Unteroffizier", der
derbe Freund seines „Tabakskollegiums", der schlichte Hausvater
für Familie und Staat. Rastloser Tatendrang, ausgeprägtes Pflicht-
gefühl, strenge Prinzipientreue, nüchterne Sparsamkeit und prakti-
sche Verwaltungskunst dieses Königs haben das Fundament für den
Aufstieg seines Staates geschaffen, zu dem es ohne sein Drängen,
seine Härte und Unnachsichtigkeit nicht gekommen wäre. Gerade
diese Züge des Baumeisters Preußens haben aber Zeitgenossen und
Nachfahren gehindert, ihn jemals den Großen zu nennen[53], und der
Gegenwart fällt es schwer, einem „Plusmacher" gerecht zu werden,
wenn Wissenschaft und Politik es mit den Minus- und Schuldenma-
chern halten. Das vordergründige Klischee der gegensätzlichen
Preußen-Könige lenkt von dem hintergründigen Paradoxon ab, daß
der realistische Soldatenkönig Friedensfürst war, der idealistische

---

[52] Hierzu *Fritz Hartung*, König Friedrich Wilhelm I. von Preußen in: Staatsbildende Kräfte der Neuzeit (Berlin 1961) S. 123; *Ulrich Scheuner*, Der Staatsgedanke
Preußens (Köln, Graz 1965) S. 18 Fußn. 38; *Friedrich von Oppeln-Bronikowski*, Der
Baumeister des preußischen Staats (Jena 1934) S. 3.
[53] Eine entscheidende Ursache hierfür dürften die tendenziösen und entstellen-
den Memoiren *Wilhelmines* gewesen sein, die es ihrem Vater nie verzieh, daß er die
hochfliegenden Heiratspläne ihrer Mutter durchkreuzt und sie mit dem Markgrafen
von Bayreuth vermählt hatte. Je schlechter diese Ehe lief, um so größer wurde der
Haß auf ihren Vater und um so schlimmer dessen Bild in den späteren Ausgaben.
Hierzu grundlegend *Droysen* (FN 41) S. 33 ff., insbesondere 51 ff., 54 f., 69. Die
Fülle der Fehler und Verzerrungen läßt sich gerade im Falle des Katte-Prozesses vielfach auf Grund der Akten nachweisen.
    Da die Literatur bis weit in das 19. Jahrhundert hinein die Memoiren teilweise
sehr unkritisch übernimmt, setzt eine gerechtere Beurteilung Friedrich Wilhelms I.
im wesentlichen erst mit den auf das Aktenmaterial gestützten Arbeiten von *Schmoller* und *Hintze* ein (vgl. hierzu auch *Fritz Hartung*, Gustav von Schmoller und die
preußische Geschichtsschreibung in: Staatsbildende Kräfte der Neuzeit [Berlin
1961] S. 470 ff., insbs. S. 474 f.; *Ulrich Scheuner* [FN 52] S. 18 Fußn. 38). Für die spätere Zeit sind vor allem die Untersuchungen *Hinrichs'* und *Hartungs* zu nennen. Zur
richtigen Einschätzung und zum Verständnis haben die großen Romane von *Jochen
Klepper* („Der Vater") und *Reinhold Schneider* („Die Hohenzollern") beigetragen
(vgl. auch *Hans-Joachim Schoeps* [FN 51] S. 50). Dabei wird nicht immer hinrei-
chend beachtet, daß diese Arbeiten gerade in einer Epoche erschienen, deren offi-
zielle Propaganda sich auf Friedrich den Großen konzentrierte und Preußen als
„festgefügtes Fundament für den gewaltigen Bau des Großdeutschen Reiches" re-
klamierte (so *Hermann Göring* im Geleitwort zu der von Carl Hinrichs herausgege-
benen populären Quellensammlung „Der allgegenwärtige König", 2. Aufl. [Berlin
1942]).

Schöngeist Kriegsheld[54] wurde. Friedrich Wilhelm I. war seiner Zeit voraus und hat für Preußen den Umbruch vom Hochbarock zur Aufklärung vorweggenommen und damit gemildert – einen Umbruch, wie er sich für Österreich nicht anschaulicher als in den Sarkophagen Maria Theresias und Josephs II. in der Kapuzinergruft demonstriert: In barocker Überladenheit beinahe schon geschmacklos der eine, in bewußter und gewollter Einfachheit beinahe schon anmaßend der andere.

Der Soldatenkönig war kein bloßer Barockfürst mehr[55]. Er hatte mit Traditionen gebrochen, sich zu Vernunft und Zweckmäßigkeit bekannt und im Gegensatz zu seiner überfeinerten und genußfreudigen Epoche jenes „retour à la nature" praktiziert, bevor andere es proklamierten. Allerdings fühlte er sich als Herrscher seines Staates und hätte sich nicht als dessen Diener bezeichnet[56], obwohl er, wie kaum ein anderer, dem Staate diente. Für ihn bestand noch eine absolute und ungebrochene Identität von Staat und Souverän[57], wie sie in dem stolzen und selbstbewußten Wort zum Ausdruck kommt: „Wir sind doch Herr und König und können tun, was wir wollen[58]". Obwohl von einem – mitunter alttestamentarischen – Gerechtigkeitssinn geprägt, trug er das Gesetz in sich und hätte

---

[54] Zu dieser Widersprüchlichkeit auch *Gerhard Ritter*, Die Dämonie der Macht, 6. Aufl. (München 1948) S. 112 f.

[55] Vgl. *Walter Hubatsch*, Das Zeitalter des Absolutismus 1600–1789, 4. Aufl. (Braunschweig 1975) S. 166 f.; siehe ferner *dens.*, Barock als Epochenbezeichnung, in: Absolutismus (Darmstadt 1973) S. 268 ff.; *Ulrich Scheuner* (FN 52) S. 18 Fußn. 38, 2. Abs., S. 24 f., S. 28; zum Grundsätzlichen *Carl Hinrichs*, Staat und Gesellschaft im Barockzeitalter in: *ders.*, Preußen als historisches Problem (Berlin 1964) S. 205 ff.

[56] So aber *Friedrich der Große*, der betonte, der Herrscher sei „der erste Diener des Staates" („premier serviteur de l'État"); vgl. Politisches Testament von 1752 (abgedruckt in: Die Werke Friedrichs des Großen, hrsg. von Volz, Bd. 7, Berlin 1912, S. 154) und „Regierungsformen und Herrscherpflichten" 1777 (abgedruckt a. a. O. S. 226); siehe ferner „Der Antimachiavell" 1. Kap. (abgedruckt a. a. O. S. 6). Hierzu auch *Eberhard Schmidt*, Staat und Recht in Theorie und Praxis Friedrichs des Großen (Leipzig 1936) S. 15; *Fritz Hartung*, Studien zur Geschichte der preußischen Verwaltung, 1. Teil: Vom 16. Jahrhundert bis zum Zusammenbruch des alten Staates im Jahre 1806 (aus den Abhandlungen der Preußischen Akademie der Wissenschaften, Jahrgang 1941, Phil.-hist. Klasse Nr. 17 [Berlin 1942] S. 22; auch abgedruckt in: Staatsbildende Kräfte der Neuzeit (Berlin 1961) S. 199); *E. R. Huber*, Die friderizianische Staatsidee und das Vaterland in: Nationalstaat und Verfassungsstaat (Stuttgart 1965) S. 36 f.

[57] *Fritz Hartung*, L'Etat c'est moi in: Staatsbildende Kräfte der Neuzeit (Berlin 1961) S. 117 f.; *Ernst Klein*, Der preußische Absolutismus (FN 30) S. 96.

[58] Vgl. hierzu auch *Ernst Klein* (FN 30) S. 82; *Fritz Hartung*, Studien (FN 56) S. 18.

nicht die lex statt des rex an die Spitze des Staates gestellt[59]. Er hat den aufgeklärten Absolutismus[60] zum Teil antizipiert, aber noch nicht voll realisiert. Er mag ihn mitunter geahnt haben, ohne von ihm geistig schon durchdrungen gewesen zu sein.

2. Friedrich Wilhelm I., der den „von Memel bis Mörs über ganz Deutschland verzettelten"[61] Staat durch Anstrengungen, Opfer und Härte zusammengefügt hatte[62], wußte auch um die Anfälligkeit seiner „verzweifelt verwegenen Staatsgründung"[63], dieses rationalen, aber nicht nationalen Gebildes, dessen Souveränität er stabilisieren und dessen Krone er zementieren wollte wie einen rocher von bronze[64].

Daher die tiefe Sorge um die Erziehung des Thronfolgers, bei dem sich das welfische Erbe seiner Großmutter Sophie-Charlotte und seiner Mutter Sophie-Dorothea früh offenbarte[65], der – so

---

[59] Hierzu auch *E. R. Huber*, Die friderizianische Staatsidee und das Vaterland in: Nationalstaat und Verfassungsstaat (FN 56) insbes. S. 34 ff.; *Christian-Friedrich Menger*, Deutsche Verfassungsgeschichte der Neuzeit, 2. Aufl. (Heidelberg, Karlsruhe 1979), S. 67 Rdnr. 146.

[60] Vgl. *Ernst Klein*, Der preußische Absolutismus (FN 30) S. 77 ff.; *Reinhold Koser*, Die Epochen der absoluten Monarchie in der neueren Geschichte in: Absolutismus, hrsg. von Walther Hubatsch (Darmstadt 1973) S. 34 ff. sub III; *Fritz Hartung*, Der aufgeklärte Absolutismus in: Staatsbildende Kräfte der Neuzeit (Berlin 1961) S. 149 ff.

[61] So *Friedrich von Oppeln-Bronikowski* (FN 52) S. 4. Vgl. in diesem Zusammenhang auch *Oswald Hauser*, Preußische Staatsräson und nationaler Gedanke (Neumünster 1960) S. 13 ff.

[62] Vgl. *Franz Schnabel*, Deutsche Geschichte im 19. Jahrhundert, 1. Bd., 4. Aufl. (Freiburg 1948) S. 95 ff.; *Willy Andreas*, Marwitz und der Staat Friedrichs des Großen in: Geist und Staat, 5. Aufl. (Göttingen 1960) S. 134; *Menger* (FN 59) S. 67 Rdnr. 146.

[63] So *Carl Hinrichs*, Der Kronprinzenprozeß (FN 8) S. 7. *Franz Schnabel* (FN 62) S. 95, bezeichnet die Gründung des preußischen Staates als die „größte staatliche Tat der deutschen Geschichte".

[64] „Ich stabiliere die Suverenität und setze die Krohne ferst wie ein Rocher von Bronce" lautet die eigenhändige Marginalie des Königs zur Ablehnung eines vom ostelbischen Adel geforderten Landtags. Siehe *Stillfried/Kugler*, Die Hohenzollern und das Deutsche Vaterland (München 1881) Bd. 1 S. 158; teilweise angeführt bei *Preuß*, Friedrich der Große Bd. IV (Berlin 1834) S. 420 Fußn. 1. *Droysen* geht unzutreffend von einem fälschlichen Einschub aus (Geschichte der Preußischen Politik 4. Teil 2. Abt.: Friedrich Wilhelm I. Bd. 1 [Leipzig 1869] S. 198 Fußn. 2); vgl. auch *Ernst Klein* (FN 30), S. 89; *Menger* (FN 59) S. 67 Rdnr. 146.

[65] Wobei das künstlerische und philosophische Erbe Friedrichs des Großen stärker auf Sophie Charlotte als auf Sophie Dorothea zurückzuführen sein dürfte. Die Mutter des Kronprinzen, die *Leo Just* (FN 50 S. 14) als „fein gebildet" charakterisiert, hat wohl die geistigen Dimensionen Sophie Charlottes nicht erreicht und war in vielem eher vordergründig und prunksüchtig; vgl. in diesem Zusammenhang auch *Carl Hinrichs*, Das Ahnenerbe Friedrich Wilhelms I. in: Preußen als historisches Problem (FN 30) S. 89 f.

gänzlich anders als sein Vater[66] – Bequemlichkeit einem schonungs-
losen Einsatz, Musisches dem Militärischen, französischen Brokat
und Samt[67] dem preußischen Wolltuch[68] vorzog, der Bücher las
und Traversflöte spielte, keck und hochmütig auftrat, dabei aber in
seinem Äußeren „malpropre" und „effeminirt"[69] war und der
Schulden machte[70] – in vielem unterstützt durch seine Mutter, die in
ihrem Herzen immer Welfin geblieben war. Trotz des dem Thron-

---

[66] Friedrich Wilhelm I. war schon als Kronprinz gegen die ausgabenfreudige
Hofhaltung seines Vaters eingetreten, die er als „die dolleste Haushaltung von der
Welt" kritisiert und nach seinem Regierungsantritt über den Haufen geworfen hatte;
vgl. *Fritz Hartung*, König Friedrich Wilhelm I. von Preußen in: Staatsbildende
Kräfte der Neuzeit (FN 60) S. 129; *Ernst Klein* (FN 30) S. 78 f.; *Leopold von Ranke*
(FN 2) S. 392; siehe auch *Droysen*, Geschichte der preußischen Politik, 4. Teil,
1. Abt.: Friedrich I., König von Preußen (Leipzig 1867) S. 432.
[67] Vgl. *Otto Hintze*, Die Hohenzollern und ihr Werk, 3. Aufl. (Berlin 1915)
S. 310; *Kugler* (FN 6) S. 52; *Gaxotte* (FN 6) S. 52.
[68] Hierzu *Carl Hinrichs*, Die Wollindustrie in Preußen unter Friedrich Wilhelm
I. (Acta Borussica, Denkmäler der Preußischen Staatsverwaltung im 18. Jahrhundert, hrsg. von der Preußischen Akademie der Wissenschaften [Berlin 1933], insbes.
S. 85 ff., 381 f., 392 zu den Konsumverboten); siehe auch das königliche Edikt gegen
die Wollausfuhr vom 24. 1. 1732 (abgedruckt bei *Rudolph Stadelmann*, Friedrich
Wilhelm I. in seiner Tätigkeit für die Landescultur Preußens, Neudruck der Ausgabe
1878, Osnabrück 1965, S. 338 ff.). Vgl. auch *Fritz Hartung*, Studien zur Geschichte
der preußischen Verwaltung (FN 56) S. 19; *Ernst Klein* (FN 30) S. 85; *Droysen*, Geschichte der Preußischen Politik, 4. Teil, 2. Abt. 1. Bd.: Friedrich Wilhelm I. von
Preußen (Leipzig 1869) S. 195.
[69] Vgl. den Brief Friedrich Wilhelms I. an Friedrich vom September 1728:
„. . . Zum Andern er wohl, daß ich keinen effeminirten Kerl leiden kann, der
keine menschliche Inclinationen hat, der sich schämt, nicht reiten noch schiessen
kann, und dabei malpropre an seinem Leibe, seine Haare wie ein Narr sich frisiret
und nicht verschneidet, und ich Alles dieses tausendmal reprimandiret, aber Alles
umsonst und keine Besserung in nichts ist." (Œuvres de Frédéric le Grand (Berlin
1856) Tome XXVII, troisième partie, Nr. 12, S. 10); siehe hierzu auch das Verhör des
Kronprinzen ad articulos vom 16. September 1730: „Art. 9. Aus was Ursachen Er
von Sr. Königl. Maj. reprimandiret worden? R. Es wären viele Ursachen gewesen,
zum Exempel, daß er mit Kleidern schmutzig gegangen . . .", BPH Rep. 47 P, abgedruckt bei *Hinrichs* (FN 8) Nr. 43 S. 90 ff.
[70] Vgl. hierzu das Verhör des Kronprinzen „ad articulos" vom 16. September
1730, insbes. Art. 29 ff. (BPH Rep. 47 P, abgedruckt bei *Hinrichs* a. a. O. Nr. 43
S. 90 ff.).
 Aus dem Verhör ergibt sich, daß der König dem Prinzen gesagt haben soll, er
bezahle sie „mit Plaisir, denn an Gelde fehlet es mir nicht, und am Gelde ist ein
Dreck daran gelegen, soferne Ihr nur Eure conduite und Aufführung ändert und ein
honettes Herz bekommt, und Ihr mir davon ein Wort saget, soll es Euch an Gelde
nicht fehlen." (a. a. O. Art. 32). Vgl. hierzu auch die „informatio ex actis" bei *Preuß*
(FN 2) Bd. IV S. 470. Friedrich Wilhelm I. hatte nach den Vorfällen ein „Edict wider
das Geldleihen an Minderjährige" vom 22. Januar 1730 erlassen, das sich ausdrücklich auch auf königliche und markgräfliche Prinzen bezog. Friedrich der Große hat
dieses Edikt übrigens später erneuert und wiederholt. Hierzu *Droysen* (FN 2) S. 106.

22

folger vorgeschriebenen strengen Tagesablaufs[71] und der ihm auferlegten harten Strapazen, die schon den Vierzehnjährigen nach zeitgenössischen Berichten um Jahre älter aussehen ließen[72], vermochte der Vater den Sinn des Prinzen nicht zu ändern. Friedrich bog sich wie eine Weidenrute unter dem väterlichen Druck, richtete sich aber immer wieder auf.

Im Laufe der Zeit nahmen die Zusammenstöße an Heftigkeit zu. Im sächsischen Prunklager, zwei Monate vor dem Fluchtversuch am Rhein, ging der König in aller Öffentlichkeit tätlich gegen den Kronprinzen vor und fügte noch höhnend hinzu, er selbst hätte sich eher erschossen, als sich von seinem Vater so behandeln zu lassen[73].

Der Vater-Sohn-Konflikt wurde durch politische Gegensätze und diplomatische Intrigen am preußischen Hofe noch geschürt[74]. Zur Sicherung seiner Ansprüche auf die Herzogtümer Jülich und Berg, zugleich aber aus Überzeugung und Patriotismus[75] unterstützte Friedrich Wilhelm I. den Kaiser[76] und war erklärter Feind

---

[71] Zur Erziehung des Thronfolgers vgl. *Leo Just* (FN 50) S. 14 f.

[72] Vgl. *Gaxotte* (FN 6) S. 32.

[73] Vgl. *Koser* (FN 2) S. 34; *Droysen* (FN 2) S. 106. In dem Verhör „ad articulos" (FN 70) beklagt sich der Kronprinz mehrmals darüber, daß ihn der König „hart tractirt" habe (zu Art. 23, 40, 42).

[74] Vgl. *Leo Just* (FN 50) S. 15; zur Rolle Seckendorffs vgl. auch *Heinrich von Sybel*, Prinz Eugen von Savoyen (München o. J.) S. 127 f., 130, 135 ff.

[75] Vgl. in diesem Zusammenhang seine Äußerung, über die *Seckendorff* berichtet: „Alle deutschen Fürsten müssen Schelme sein, die es nicht gut mit dem Kaiser, mit dem Reiche meinen; einen Kaiser müssen wir haben, also bleiben wir bei dem Haus Österreich, und das ist kein ehrlicher Deutscher, der hierzu nicht contribuirt ... Es ist eine Schande für uns Deutsche, daß der Kaiser fremde Garantie dazu nöthig habe ... Wann die Franzosen ein Dorf in Deutschland attaquirten, so müsste das ein Coujon von einem deutschen Fürsten sein, welcher nicht den letzten Blutstropfen d'ran wagte, sich dagegen zu setzen." (Seckendorff an Eugen, Altenburg am 22. 1. 1727. Österr. H. H. u. St. A., Große Correspondenz, Nr. 127; abgedruckt auch in: Feldzüge des Prinzen Eugen von Savoyen, 18. Bd. [Wien 1891] S. 256 FN 1; sowie bei *H. v. Zwiedineck-Südenhorst*, Deutsche Geschichte im Zeitraum der Gründung des preußischen Königtums, Bd. II (Stuttgart 1894) S. 630 f.); siehe in diesem Zusammenhang auch *Braubach* (FN 16) Bd. IV S. 323; *Hubatsch*, Zeitalter des Absolutismus (FN 55) S. 170.

[76] Vgl. aber auch das Schreiben Friedrich Wilhelms I. an den Kronprinzen vom 6. Februar 1736: „Das ist der Dank für die gestellten zehntausend Mann und alle Deference, so Ich für den Kaiser gehabt, und könnet Ihr daraus sehen, dass es nichts helfe, wenn man sich für denselben auch sacrificirete. Solange man uns nöthig hat, solange flattiret man; sobald man aber glaubet, der Hülfe nicht mehr zu gebrauchen, so ziehet man die Maske ab und weiß von keiner Erkenntlichkeit. Die Betrachtungen, so Euch dabei einfallen müssen, können Euch Gelegenheit geben, Euch künftig in dergleichen Fällen zu hüten." (Œuvres [FN 69] a. a. O. Nr. 106 S. 102).

Frankreichs[77]. Mit diesem sympathisierte dagegen der Kronprinz, und die Königin bekannte sich unverhohlen zur englischen Gegenpartei, da seit 1714 infolge der Personalunion zwischen Hannover und England ihr Vater und später ihr Bruder auf dem englischen Thron saßen. Ehrgeizig betrieb die Welfin den Plan einer Doppelhochzeit zwischen dem Prinzen of Wales und Prinzessin Wilhelmine sowie zwischen dem Kronprinzen und der englischen Prinzessin Amalie.

Zum Haß gegen den Vater erzogen, stand der Prinz auf der Seite der Königin, wurde mitunter sogar Spion seiner Mutter beim König genannt. Offen und heimlich scharte sich um ihn eine „Partei des Kronprinzen", von ausländischen Mächten unterstützt und gefördert. Kurz vor der schicksalsschweren Reise nach Süddeutschland kamen die Engländer für die Schulden Friedrichs auf, die dieser geschäftstüchtig fast mit dem Doppelten angab[78], und sicherten ihm die Franzosen für den Fall der Flucht Gastfreundschaft zu. Was im Bürgerhaus Familienintrige geblieben wäre, kam am Hofe, wie *Droysen*[79] richtig formuliert, „ziemlich nahe an Hoch- und Landesverrath".

3. Angesichts dieser Entwicklung ist die Furcht des Königs vor einer Verschwörung verständlich, als er von der Organisation des Fluchtvorhabens erfährt. Daher konzentriert sich auch das Verhör des Kronprinzen auf das angestrebte Reiseziel, wobei Friedrich entgegen seiner wahren Absicht Frankreich, für den Eventualfall Italien nennt[80], um den Verdacht einer politischen Intrige zu zerstreuen. Diese Einlassung erscheint dem König um so weniger glaubhaft, als die Flucht Keiths über Den Haag nach England be-

---

[77] Vgl. *Walter Elze*, Friedrich der Große, 4. Aufl. (Berlin 1943) S. 94. Deshalb bedrückte ihn auch der Vertrag, den er noch 1739 mit Frankreich in der jülich-bergischen Angelegenheit geschlossen hatte (vgl. *Elze* S. 93 f.). Schon 1713 hatte sich der Spruch „non soli cedit", mit dem er nach seinem Regierungsantritt die preußischen Regimentsfahnen versehen hatte, gegen den Sonnenkönig gerichtet (ebenso *Fritz Wagner*, Friedrich Wilhelm I., Hist. Zeitschrift Bd. 181 (1956) S. 79 ff., 82 sub II).
[78] Vgl. das Verhör des Kronprinzen „ad articulos" [FN 70], insbes. Art. 93 ff.; hierzu auch *Koser* [FN 2] S. 36 f.
[79] Geschichte der Preußischen Politik, 4. Teil, 4. Abt.: Zur Geschichte Friedrichs I. und Friedrich Wilhelms I. von Preußen (Leipzig 1870) S. 42; vgl. *dens.* 4. Teil 3. Abt.: Friedrich Wilhelm I., Bd. 2 (Leipzig 1869) S. 109 f.
[80] Verhör vom 12. August 1730 in Wesel [s. o. FN 38]; vgl. auch das Verhör vom 15. August 1730 in Wesel (BPH Rep. 47 A 142 F vol. I, abgedruckt bei *Hinrichs*, Der Kronprinzenprozeß [FN 8] Nr. 4 S. 30 f.). Im Verhör vom 19. August 1730 (BPH a. a. O., *Hinrichs* a. a. O. Nr. 7 S. 35 f.) gibt er Holland an, falls er in Frankreich keine hinreichende Sicherheit gefunden hätte.

24

kannt wird. Der König ermahnt seinen Sohn in einer Ordre vom
1. September nachdrücklich und ernstlich zur Wahrheit, andernfalls
er ihn, wie er jetzt noch vorsichtig formuliert, „durch schärfere
Mittel" dazu zwingen würde[81]. In einer Kabinettsordre an die Untersuchungskommission vom 13. September beanstandet er, daß
diese die Angelegenheit als Bagatelle traktiere und fügt wörtlich
hinzu: „Also sollen sie Katte als wie Inquisit Friederich um die
Wahrheit heraus zu kriegen, auf die Tortur legen, ist meine Ordre"[82]. In einem Antwortschreiben vom selben Tage weist Staatsminister von Grumbkow den König auf die Unmöglichkeit hin, gegen Katte die Tortur anzuwenden[83], wobei der „Inquisit Friederich" erst gar nicht erwähnt wird. Aufgrund dieser Intervention befiehlt der König, einzuhalten und nähere Instruktionen abzuwar-
ten[84]. Noch nach Abschluß der Untersuchung läßt der König den
Kronprinzen erneut befragen, weil „die ganze Engelsche Intrigue
noch nicht dekuvriret wäre"[85]. Erst nach der Aussöhnung mit dem
Vater, zu der dieser am 15. August 1731, seinem Geburtstag, nach
Küstrin kommt, gibt Friedrich zu, daß er eigentlich nach England
fliehen wollte[86].

Im Herbst 1730 muß Friedrich, der noch wenige Tage nach seiner
Verhaftung den König in Wesel um Gnade und Entlassung aus dem
Arrest gebeten hat[87], jedenfalls einsehen, daß sein Fluchtversuch
ernster genommen wird, als er wohl in jugendlicher Unbeküm-
mertheit geglaubt hatte. Hierin war er möglicherweise auch durch
einen Vorfall in seiner eigenen Familie bestärkt worden. Sein Groß-
vater, Friedrich I., war als Kronprinz ebenfalls ins Ausland gegangen, ohne hierfür – ebensowenig wie seine Begleitung – bestraft
worden zu sein. Unter Hinweis hierauf hatte Friedrich auch Katte
zur Unterstützung überredet[88].

---

[81] BPH Rep. 47 A 142 F vol. I, abgedruckt bei *Hinrichs* a. a. O. Nr. 28 S. 76 f.
[82] BPH Rep. 47 P, abgedruckt bei *Hinrichs* a. a. O. Nr. 40 S. 88 f.
[83] Niederschrift des Staatsministers von Grumbkow, Berlin, 13. September 1730
(BPH Rep. 47 P, abgedruckt bei *Hinrichs* a. a. O. Nr. 41 S. 89).
[84] Wie sich aus dem Vermerk Grumbkows [FN 83] ergibt.
[85] Kabinettsordre an den Generalmajor von Lepel und den Obristen von Reichmann, Wusterhausen, 30. September 1730 (BPH Rep. 47 P, abgedruckt bei *Hinrichs*
a. a. O. Nr. 52 S. 113).
[86] Vgl. *v. Zwiedineck-Südenhorst* [FN 75] Bd. II S. 641.
[87] Handschreiben, Wesel, 19. August 1730 (BPH Rep. 47 A 143 B ad vol. IV; abgedruckt in Œuvres [FN 69] Nr. 13 S. 10 f., *Hinrichs* a. a. O. Nr. 8 S. 36).
[88] So Katte im Verhör vom 9. August 1730, zitiert bei *Hinrichs* a. a. O. S. 62, vgl.
ebenda S. 185 Anm. 1 zu Seite 25.

IV. Zur Strafrechtspflege in Preußen

1. Im Zeitalter des Absolutismus lebt der Bürger noch nicht in der dem Rechtsstaat eigentümlichen „Gewißheit der gesetzmäßigen Freiheit"[89], stehen seine Beziehungen zur Staatsgewalt noch nicht unter dem Zeichen berechenbarer und bestimmter Gesetze, gelten infolgedessen auch nicht die für das moderne Strafrecht und Strafprozeßrecht essentiellen Grundsätze des „nullum crimen sine lege" und des „nulla poena sine lege". Gesetzeskodifikationen mit genau fixierten Straftatbeständen sind für das 17. und 18. Jahrhundert nicht charakteristisch[90]. Als oberster Gesetzgeber, oberster Administrator und oberster Gerichtsherr kann der Souverän – wenn und soweit er nicht durch höherrangiges Recht gebunden ist oder sich durch Naturrecht verpflichtet fühlt – Strafwürdigkeit und Strafmaß durch Erlasse oder Reskripte im Einzelfall festlegen. So konstatiert *Eberhard Schmidt* für das Preußen des 18. Jahrhunderts, daß unter Friedrich Wilhelm I. wie unter Friedrich II. „der Wille des Königs in allen das Strafrecht betreffenden Fragen der allein ausschlaggebende" ist[91]. Zwar sind die Richter an die von Friedrich Wilhelm I. 1717 erlassene preußische Kriminalordnung und die weitergeltende[92] Constitutio Criminalis Carolina[93] gebunden, aber die Gesetze lassen rechtsschöpferischer Betätigung und richterlichem Ermessen weiten Raum[94], und das Bestätigungsrecht ermöglicht es dem Landesherrn, die Urteile mit seinen Intentionen in Übereinstimmung zu bringen[95].

2. Von den normierten Strafbestimmungen konnte ein Tatbestand für Friedrich und Katte besonders gefährlich werden: das aus dem römischen Recht stammende crimen laesae majestatis. Rezipiert von der Goldenen Bulle[96], deren Frankfurter Exemplar der

[89] *Wilhelm von Humboldt*, Ideen zu einem Versuch, die Gränzen der Wirksamkeit des Staats zu bestimmen, Kap. IX in: *ders.*, Werke in fünf Bänden, hrsg. von Flitner und Giel Bd. I (Darmstadt 1969) S. 147.
[90] Vgl. *Eberhard Schmidt*, Einführung in die Geschichte der deutschen Strafrechtspflege, 3. Aufl. (Göttingen 1965) § 172 S. 182.
[91] Die Kriminalpolitik Preußens unter Friedrich Wilhelm I. und Friedrich II. (Berlin 1914) S. 1.
[92] Zu dem Verhältnis von CCC und partikularem Landesrecht vgl. *Eberhard Schmidt*, Strafrechtspflege [FN 90] § 124 S. 141 f., § 172 S. 183.
[93] Hierzu *Eberhard Schmidt*, Strafrechtspflege [FN 90] §§ 87 ff., S. 108 ff.
[94] Vgl. *Eberhard Schmidt*, Strafrechtspflege [FN 90] § 173 S. 183 f.
[95] Vgl. *Eberhard Schmidt* a. a. O. § 169 S. 179 f.; *Merten*, Rechtsstaatlichkeit und Gnade (Berlin 1978) S. 36 ff. m. weit. Nachw.
[96] Reichsgesetz Kaiser Karls IV. von 1356, cap. 24, übersetzt von W. Fritz (Weimar 1978) S. 77 f.

König auf seiner Reise gerade besichtigt hatte[97], fand sich der Straf-tatbestand sowohl im preußischen Recht als auch in der Carolina. Diese enthielt als Sanktion in Art. 137 vor der „entlichen tötung" „etlich leibesstraff als mit Zangen Reissen oder außschleyffung"[98].

Das ursprünglich als vorsätzlicher Mord an Kurfürsten – später auch an anderen hohen Herren – umrissene Majestätsverbrechen hatte im Laufe der Zeit in der Strafrechtspraxis eine uferlose Aus-dehnung erfahren und wurde immer dann herangezogen, wenn eine Straftat landesherrliche Interessen berührte: bei dem Diebstahl fürstlichen Silbergeschirrs ebenso wie bei der Verletzung von Aus-fuhrverboten[99].

Waren hier aber nicht mehr als bloße Interessen des Herrschers berührt? War nicht der Souverän selbst gefährdet, wenn auf seine Person vereidigte Offiziere seiner Leibgarde mit ausländischen Mächten paktierten und mit dem Thronfolger gegen den König konspirierten? In einer Zeit, in der Treue noch etwas galt, war Felo-nie das größte Verbrechen[100], und die Carolina sah in Art. 124 für „boßhafftige verreterey" die Vierteilung vor. Der König empfand das Komplott nicht nur als Familien-, sondern zugleich auch als Staatsintrige, wenn er Seckendorff mit bewegten Worten klagte: „... daß er nicht wüßte, wen er mehr trauen solte. Er sähe wohl, er lebte weib und kindern zu lang und da man capable wäre zu entflie-hen und sich in seiner feinde hände zu werffen, so wäre man auch capable, ihn, den könig, mit gifft zu vergeben. Alle seine leute, au-ßer wenige, hiengen am cronprintz und die es nicht mit ihrer par-they hielten, denen wären sie gram und verfolgten sie"[101]. Seine spätere Berufung[102] auf das crimen laesae majestatis ist daher nicht Dramatisierung, sondern Pointierung.

3. Als Offizieren des Königs drohte Friedrich und Katte vor al-lem ein Verfahren wegen Desertion. Die Fahnenflucht hatte sich ge-

---

[97] Vgl. Reisejournal Seckendorffs vom 8. August 1730, abgedruckt bei *Wagner* [FN 2] S. 225.

[98] Die Peinliche Gerichtsordnung Kaiser Karls V. von 1532, hrsg. von Radbruch u. Kaufmann, 4. Aufl. (Stuttgart 1975).

[99] Hierzu *Eberhard Schmidt*, Strafrechtspflege [FN 90] § 171 S. 181 f.

[100] Vgl. *Heinrich Zoepfl*, Deutsche Rechtsgeschichte, Bd. III, 4. Aufl. (Braun-schweig 1872, Nachdruck Frankfurt 1975) § 128 S. 373 f.

[101] Reisejournal [FN 2] S. 235.

[102] Kabinettsordre an das Kriegsgericht, Wusterhausen, 1. November 1730 (BPH Rep. 47, Nr. A 14, 4, abgedruckt bei *Hinrichs* [FN 8], Nr. 64, S. 135 f.).

rade in der preußischen Armee zu einem „wirklichen Gift"[103] ent-
wickelt. Infolge der energischen Verstärkung des stehenden Heeres
hatte man die Werbung intensivieren und in großem Umfange auf
nichtpreußische Untertanen zurückgreifen müssen, die unter
Friedrich Wilhelm I. ein Drittel und unter Friedrich dem Großen
die Hälfte der Armee ausmachten[104]. Der hohe Ausländeranteil,
der vielfach durch rüde Werbemethoden[105], List[106] oder Gewalt[107]
erzwungene Heeresdienst und der harte Drill waren die Hauptursa-
chen für das zahlreiche Entweichen, das durch die geographische
Lage des langgestreckten und zersplitterten preußischen Staatsge-
biets noch begünstigt wurde. Daher versuchte schon Friedrich I.
des „überhandnehmenden Übels" durch drakonische Strafen Herr
zu werden. Deserteuren wurden die Nase und ein Ohr abgeschnit-
ten, danach sollten sie „bis an ihr ende an die karre geschmiedet und
zur schweren vestungs-arbeit angehalten werden"[108]. Da auch diese
„schändliche straffe" nichts fruchtete, deklarierte der König bereits
ein Jahr später „die straffe des stranges als eine ordinair-straffe der
desertion"[109]. Friedrich Wilhelm I. sah sich gezwungen, zur erhöh-

---

[103] *Duffy* [FN 26] S. 93 ff. (96) hinsichtlich der Armee Friedrichs des Großen mit
näheren Angaben. Im Siebenjährigen Krieg soll es im Regiment Jung-Braunschweig
(Nr. 39) zu Desertionen in Regimentsstärke gekommen sein.
[104] Vgl. Vgl. *E. R. Huber*, Deutsche Wehrordnung und Verfassung in: Zges-
StaatsW Bd. 97 (1937) S. 64; siehe auch *Friedrich den Großen*, Die Generalprinzipien
des Krieges und ihre Anwendung auf die Taktik und Disziplin der preußischen
Truppen (1748) in: Die Werke Friedrichs des Großen [FN 56] Bd. 6, 1. Kap., S. 5:
„Unsre Regimenter bestehen zur Hälfte aus Landeskindern, zur Hälfte aus Söldnern."
[105] Zur Werbung vgl. *Max Lehmann*, Werbung, Wehrpflicht und Beurlaubung
im Heere Friedrich Wilhelms I. in: Hist. Zeitschr. Bd. 67 (1891), S. 254 ff., insbes.
S. 262 ff.; *Curt Jany*, Geschichte der Preußischen Armee vom 15. Jahrhundert bis
1914, 2. Aufl. Bd. I (Neudruck Osnabrück 1967) S. 690 ff., 706; *Gustav Schmoller*,
Die Entstehung des preußischen Heeres von 1640–1740 in: Deutsche Rundschau Bd.
XII (1877) S. 248 ff., insbes. S. 266 ff.
[106] In einer Ordre vom 23. 12. 1715 hat Friedrich Wilhelm I. „möglichste Listig-
keit" bei der Werbung empfohlen (zitiert nach *Lehmann* a. a. O. S. 263 f.).
[107] Friedrich Wilhelm I. hatte Gewaltanwendung in mehreren Edikten unter-
sagt, das Verbot aber teilweise auf „große Gewaltthätigkeiten" oder darauf beschränkt, daß „ohne vorhergegangene schriftliche Permission von Sr. K. M. kein
Kerl mit Gewalt zum Soldaten weggenommen werden muß". Zitiert nach *Lehmann*
a. a. O. S. 263 ff.
[108] Edict wegen der deserteurs vom 15. 5. 1711 in: Corpus Juris Militaris Novissimum oder neuestes Kriegs-Recht (Leipzig 1724) Sp. 567 ff. (571).
[109] Deklaration vom 7. 10. 1712, Corpus Juris Militaris Sp. 573 f.; vgl. in diesem
Zusammenhang auch *F. R. Paulig*, Friedrich I., König von Preußen (Frankfurt a. O.
1886), S. 319.

28

ten Abschreckung auf eine Beschleunigung der Desertionsprozesse zu dringen[110], die Todesstrafe auch für Beihilfe und Begünstigung[111] anzudrohen und die Tötung eines Deserteurs für straffrei zu erklären[112]. Außerdem schloß er mit vielen Staaten Verträge über Aufenthaltsverbote für Deserteure und deren Auslieferung[113]. Da auch nach dem 1733 geschaffenen Kantonsystem[114] Mißstände bei der Werbung bestehen blieben und viele der Eingezogenen „unsichere Kantonisten" waren, widmete Friedrich der Große das erste Kapitel seiner militärtheoretischen Schrift über „Die Generalprinzipien des Krieges"[115] der Verhütung der Fahnenflucht.

Aus Gründen der Generalprävention und der Rechtssicherheit, insbesondere aber um bei Desertionen und anderen Vergehen dem Einwand der Unkenntnis zu begegnen, hatte Friedrich Wilhelm I. 1724 die Kriegsartikel von 1713 revidieren lassen und befohlen, daß dieser Pflichtenkatalog[116] für Unteroffiziere und Gemeine diesen wenigstens alle zwei Monate einmal vorzulesen sei. Nach Art. 3

---

[110] Edikt vom 1.1.1722, Corpus Juris Militaris Sp. 683 f.

[111] Edikt vom 29.1.1723, Corpus Juris Militaris Sp. 693 ff.: „. . .; wer aber einen deserteur durchhilfft, hat den galgen verwürcket, und soll derselbe so gleich, nachdem er des verbrochenen überführet, ohne unsere confirmation darüber zu erwarten, aufgehänget werden" (Sp. 695); ferner Declaration des geschärfften Edicts von 1723 gegen die Durchhelffung der Deserteurs vom 5. August 1726 (Corpus Constitutionum Marchicarum Nr. CCV Sp. 475 f.).

[112] „Kriegs-Recht und Articuls-Brief" Friedrich Wilhelms I., Tit. VII, Kap. XXXII, Corpus Juris Militaris Sp. 361 ff. (395).

[113] Vgl. convention und receß mit dem Könige von Pohlen, wegen reciproquer extradirung der deserteurs vom 8. Octobr. 1718; patent wegen der deserteurs, und daß ihnen, zu folge der convention, in beyderseitigen Churfürstenthümern Sachsen und Brandenburg, kein aufenthalt verstattet werden solle, vom 22. Novembr. 1718; cartel mit dem Könige von Groß-Britannien, wegen reciproquer auslieferung der deserteurs, vom 16. Novembr. 1719; cartel mit dem Hertzog zu Braunschweig-Lüneburg-Wolffenbüttel, wegen reciproquer retradirung der deserteurs, vom 18. April. 1720; patent, daß den deserteurs, so sich in den Preußischen und Braunschweig-Wolffenbüttelischen landen befinden lassen, vermöge der convention kein aufenthalt gestattet werden soll, vom 18. April. 1720 (Corpus Juris Militaris Sp. 697 ff.; 705 ff.; 709 ff.; 713 ff.).

[114] Hierzu *Lehmann* [FN 105], S. 259 ff., 273 ff.; *E. R. Huber* [FN 104], S. 63; *Heribert Händel*, Der Gedanke der allgemeinen Wehrpflicht in der Wehrverfassung des Königreiches Preußen bis 1819, Beiheft 19 der Wehrwissenschaftlichen Rundschau (Frankfurt 1962) S. 20 ff.; *Jany* [FN 105], S. 692 f.; *Otto Hintze*, Die Hohenzollern [FN 67], S. 285; *Gustav Schmoller* [FN 105], S. 268 ff.

[115] S. oben FN 104; zur ersten, in den Gesammelten Werken nicht abgedruckten Fassung vgl. Die Instruktion Friedrichs des Großen für seine Generale von 1747 (Berlin 1936) S. 35, Rdnr. 30.

[116] Krieges-Articul, vor die Unter-Officirer, und gemeine Soldaten vom 31. August 1724, Corpus Constitutionum Marchicarum Nr. CXCIIX Sp. 461 f.

sollte jeder Soldat dem König „als seinem Ober-Haupte und Kriegsherrn getreu, holdt, gehorsam und gewärtig seyn", vor allem „sich in keynerley gefährliche Berathschlagung gegen Seine Königl. Majestät, Dero Königliches Hauß, Armée, Königreich und Lande, finden lassen, vielmehr alles Schädliche, so er erfähret, anzeigen, bey Straffe Ehre, Leibes und Lebens." Inhaltsgleiche Kriegsartikel für die Offiziere gab es nicht[117], aber es bedurfte ihrer auch nicht. Denn während die Mannschaften durch militärische Befehlsgewalt diszipliniert werden mußten, ergab sich die Geschlossenheit des Offizierscorps aus der gemeinsamen Ehrauffassung, die Friedrich Wilhelm I. – als Oberst und nicht als König – einmal sogar im Zweikampf durchsetzen wollte[118]. Mit dem König durch den esprit de corps[119] kameradschaftlich verbunden und durch den Offizierseid verpflichtet, von ihm, der Armee sowie Land und Leuten Schaden, Verderb und Nachteile möglichst abzuwenden, legten ihnen Stand, Ehre und Schwur stärker als jeder papierne Kriegsartikel Disziplin, Staatsbewußtsein[120] und Königstreue auf.

Bereits in seinem ersten Verhör mit dem Vorwurf der Desertion konfrontiert, hat der Kronprinz in der Sache geschickt darauf verwiesen, daß er nicht desertieren, sondern nur echappieren wollte. Er gab an, er habe sich nur dem harten Zugriff seines Vaters entziehen, aber aus Frankreich um Vergebung und künftige gnädigere Behandlung bitten wollen und wäre dann sogleich wiedergekommen[121]. Katte dagegen, der bei seinem Militärdienst in Berlin verhaftet worden war und eine Fahnenflucht noch nicht versucht, allenfalls vorbereitet hatte, gestand in seinem letzten Verhör vom 20. September weniger geschickt, er wäre dem Kronprinzen im Falle einer Flucht gefolgt, habe aber geglaubt, dieser werde gewiß (von der Reise) zurückkommen[122]. Diese Einlassung hat ihm bei der späteren Kriegsgerichtsverhandlung sehr geschadet.

4. Der Prozeß gegen Friedrich und seine Vertrauten wurde in einem kriegsgerichtlichen Verfahren nach der noch unter Friedrich I.

[117] Hierzu *Werner Hülle,* Das rechtsgeschichtliche Erscheinungsbild des preußischen Strafurteils (Aalen 1965) S. 59f.
[118] Vgl. *Jany* [FN 105], S. 732.
[119] Hierzu *Jany* a.a.O. S. 729ff.
[120] Zum Offizierscorps als dem Gestalter und Träger des Preußischen Staates *E. R. Huber* [FN 104].
[121] Verhör vom 12. August 1730 in Wesel [FN 38].
[122] BPH Rep. 47P, abgedruckt bei *Hinrichs* [FN 8], Nr. 46 S. 109.

30

1712 erlassenen Kriegsgerichtsordnung[123] und der sie ergänzenden Auditeur-Ordnung[124] durchgeführt. Durch diese Gesetze war die militärische Strafgerichtsbarkeit in Preußen endgültig vereinheitlicht und zentralisiert, gleichsam verstaatlicht worden.

Noch Anfang des 16. Jahrhunderts bildeten die Kriegsartikel einen Teil der als privatrechtlich angesehenen Vereinbarung zwischen den jeweiligen Regimentsobersten und den von ihnen angeworbenen Söldnern und unterschieden sich in ihrem Inhalt erheblich[125]. Erst allmählich hatte der Kurfürst von Brandenburg die Gerichtsbarkeit an sich ziehen und seit Mitte des 17. Jahrhunderts eine Bestätigungspflicht durchsetzen können[126]. Soweit Regimentskommandeuren Jurisdiktionsgewalt verblieb, wurde sie ihnen, absolutistischer Staatsauffassung entsprechend, verliehen und nicht belassen[127]. Der Souverän als oberster Gesetzgeber und Kriegsherr war oberster Gerichtsherr nicht nur in allen Zivil- und Strafsachen, sondern auch und gerade in Militärstrafsachen: er war oberster Kriegsgerichtsherr[128]. Von ihm eingesetzte Richter, die der Sache nach Justizbeamte waren[129], sprachen in seinem Namen Recht, das er jedoch zu bestätigen hatte[130]. Dabei war der Souverän seit Beginn des 18. Jahrhunderts nicht mehr auf die Alternative beschränkt, zu exekutieren oder zu pardonnieren[131], sondern er konnte die Richtersprüche kassieren, korrigieren und reformieren[132]. Dabei schloß die Reformation die reformatio in pejus, das Recht zur Strafschärfung, ein[133], was im Katte-Prozeß eine wichtige Rolle spielen sollte.

---

[123] Corpus Juris Militaris Novissimum (Leipzig 1724), Sp. 523 ff.

[124] Corpus Juris Militaris Sp. 551 ff.

[125] Hierzu *Hans Schneider*, Gerichtsherr und Spruchgericht (Berlin 1937) § 7 S. 34 ff.; *Hans-Michael Möller*, Das Regiment der Landsknechte (Wiesbaden 1976), S. 205 ff.; *Gustav Schmoller*, Die Entstehung des preußischen Heeres [FN 105], insbes. S. 252 ff., 262; *Eberhard Schmidt* [FN 11] S. 18 f.; *Otto Hintze*, Die Hohenzollern [FN 67] S. 220 f.

[126] Vgl. *Hans Schneider* a. a. O., S. 36 ff.; *Gustav Schmoller* a. a. O., S. 259 ff.

[127] *Hans Schneider* a. a. O. S. 38 mit Nachweisen.

[128] Vgl. *Hans Schneider* a. a. O., S. 48; *Eberhard Schmidt* [FN 11] S. 198; *Hans Niebler*, Die Gestaltung des militärischen Oberbefehls in Brandenburg-Preußen vom Großen Kurfürsten bis zum Zusammenbruch Preußens 1806, Diss. (Würzburg 1938), S. 51 f.

[129] Vgl. *Adolf Trendelenburg:* Friedrich der Große und sein Großkanzler Samuel von Cocceji (Berlin 1863) S. 61.

[130] Zum Bestätigungsrecht vgl. *Merten*, Rechtsstaatlichkeit und Gnade (Berlin 1978) S. 36 ff. m. weit. Nachw.

[131] Vgl. *Hans Schneider* a. a. O., S. 50.

[132] Vgl. *W. Ogris*, De sententiis ex plenitudine potestatis in: Festschrift für Hermann Krause (Köln, Wien 1975), S. 177 f.; *Merten* a. a. O. S. 36 f.

[133] *Hans Schneider* a. a. O., S. 50; *Merten* a. a. O., S. 37.

V. Das kriegsgerichtliche Verfahren

1. Wegen des militärischen Ranges des Kronprinzen einerseits, der Schwere der Vorwürfe andererseits war für die militärgerichtliche Verfolgung das General- und Oberkriegsgericht zuständig. Denn gemäß Art. III der Kriegsgerichtsordnung von 1712 gehörten vor dieses Gericht Kriminal-Anklagen gegen einen Regiments-Stabsoffizier sowie ohne Rücksicht auf die Charge des Angeklagten alle Verfahren wegen eines ,,crimen laesae majestatis, rebellionis, und conspirationis". Dabei entsprach es kriegsgerichtlichen Grundsätzen, daß der Spruchkörper entsprechend dem Rang des Beschuldigten zusammengesetzt[134] und eine größere Besetzung vorgesehen war, ,,wann die Sache Leib und Leben" betraf[135].

Das Kriegsgericht, das der König ernannt und zum 25. Oktober 1730 auf das königliche Schloß in Köpenick einberufen hatte, bestand aus fünf Offiziersgruppen zu je drei Mitgliedern[136], und zwar aus Generalmajoren[137], Obersten[138], Oberstleutnants[139], Majo-

---

[134] Vgl. Instruktion vom 22. 4. 1726 (Corpus Constitutionum Marchicarum Nr. CCIV Sp. 473 f.).

[135] Vgl. §§ 3 ff. der o. a. Instruktion. So bestand in einem solchen Falle bei einem Unteroffizier das Kriegsgericht aus einem Stabsoffizier als Präses, 3 Kapitänen, 3 Leutnants, 3 Fähnrichen, 3 Sergeanten und 3 Korporalen (§ 5).

[136] Vgl. die Kabinettsordre an den Generalleutnant von der Schulenburg, Wusterhausen, 22. Oktober 1730 (BPH Rep. 47 A), sowie die Liste über die Zusammensetzung des Kriegsgerichts vom 25. Oktober 1730 (BPH Rep. 47 A 14, 8), abgedruckt bei *Hinrichs* (FN 8) Nr. 54 und 55, S. 116.
Danneil (Vollständige Protocolle des Köpenicker Kriegsgerichts über Kronprinz Friederich etc. [Berlin 1861] S. VI) führt die Namen der Richter zutreffend auf, spricht irrtümlich jedoch von vier statt fünf Gruppen. Möglicherweise deswegen gibt *Eberhard Schmidt* (FN 11) S. 22 sub C I 3 die Besetzung des Gerichts unrichtig mit vier Offiziersgruppen (4 Generälen, 4 Obristen, 4 Majoren, 4 Capitänen) unter Vorsitz des Generalleutnants von der Schulenburg an, was zu einem völlig anderen Abstimmungsergebnis im Falle Kattes hätte führen müssen. *Nancy Mitford* (FN 40 S. 46), für deren Arbeit Unrichtigkeiten beinahe schon charakteristisch sind, reduziert das Gericht auf 13 Mitglieder und macht Grumbkow (!) zu einem der Richter.

[137] Kurt Christoph von Schwerin, Alexander Graf von Dönhoff, Christian von Linger. Schwerin wird einer der hervorragendsten Armeeführer Friedrichs des Großen. 1740 in den Grafenstand erhoben, wird er als Generalfeldmarschall Armeebefehlshaber im Ersten Schlesischen Krieg und fällt 1757 bei Prag (vgl. *Jany* [FN 105] Bd. 2, S. 174, 669). Linger ist 1740 Generalleutnant und 1743 mit über 70 Jahren General der Artillerie.

[138] Christian Reinhard von Derschau, A.C.L. von Steding und Kaspar Jochen von Wachholtz (vgl. *Jany* Bd. 1 S. 663). Derschau ist 1742 Generalmajor (vgl. *Jany* Bd. 2 S. 173).

[139] Adam von Weyer, Christian Friederich von Schenck vom Regiment Gensd'armes und Friedrich Amadeus von Milagsheim. Weyer ist 1740 Generalmajor (vgl. *Jany* Bd. 2 S. 175); Milagsheim wird 1731 Chef des Kadettenkorps des Kronprinzen (vgl. *Jany* Bd. 1 S. 727 FN 234).

ren[140] und Kapitänen[141]. Zum Präses bestellt der König[142] den untadeligen, nach glanzvoller militärischer Laufbahn 1728 zum Generalleutnant beförderten Achaz von der Schulenburg[143], dem er auch persönlich sehr gewogen war.

Wilhelmine von Bayreuth berichtet in ihren Memoiren[144], der König habe zur Zusammensetzung des Kriegsgerichts ,,in der ganzen Armee Lose ziehen" lassen, weil ,,jeder sich entschuldigt hatte". Dieser Ablauf ist nicht nur in keiner Weise belegt, sondern auch im hohen Maße unwahrscheinlich. Wie unglaubwürdig die Darstellung der Autorin ist, wie sehr sich Dichtung und Wahrheit zu Lasten der letzteren mischen, erhellt daraus, daß sie die Zusammensetzung des Gerichts[145] unrichtig schildert, mit Potsdam einen falschen Sitzungsort, mit dem 1. November ein falsches Sitzungsdatum, mit dem Obersten Pannewitz einen dem Gericht nachweislich nicht angehörenden Beisitzer angibt, die Gerichtsmitglieder ihre Stimmen ,,mittels eines Verses der Heiligen Schrift" abgeben läßt[146], was zwar religiös-romantische Neigungen, aber geringe Kenntnisse kriegsgerichtlicher Verfahren offenbart, und sich schließlich zu der Behauptung versteigt, alle Mitglieder des Gerichts bis auf zwei hätten, ,,um dem König zu schmeicheln", für die

---

[140] Gottfried Emanuel von Einsiedel, Johann Georg von Lestwitz und David Hans Christoph von Lüderitz. Einsiedel wird 1744 als Generalleutnant in einem Kriegsgerichtsverfahren wegen Mißerfolgs freigesprochen, bleibt aber danach bis zu seinem Tode 1746 in Ungnade (*Jany* Bd. 2 S. 108, 112). Lestwitz, 1746 Generalmajor, 1756 Generalleutnant wird 1757 vom Kriegsgericht wegen der Übergabe Breslaus zu Kassation und zwei Jahren Festungshaft verurteilt, vom König zu einem Jahr unter Aufhebung der Kassation begnadigt (*Jany* Bd. 2 S. 174, 447f., 670). Lüderitz ist 1753 Generalmajor und fällt 1756 bei Lobositz (*Jany* Bd. 2 S. 176).
[141] Albrecht von Pudewels, Adam von Jeetze, August Friedrich von Itzenplitz. Letzterer ist 1740/41 Major, 1750 Generalmajor und fällt 1759 als Generalleutnant bei Kunersdorf (*Jany* Bd. 2 S. 75, 173, 537, 669).
[142] s. o. FN 136.
[143] Vgl. *Georg Schmidt*, Das Geschlecht von der Schulenburg (Beetzendorf 1899) Nr. 785 S. 494 ff.; *Kurt von Priesdorff*, Soldatisches Führertum (Hamburg o. J.) Bd. 1 Nr. 197 S. 120 f.; *Jany* (FN 105) Bd. I, S. 664 Nr. 5; *B. Poten* in: Allgemeine Deutsche Biographie, Bd. 32 (1891, Neudruck Berlin 1971) S. 659 f.
[144] a. a. O. (FN 22) S. 196.
[145] Das nach ihr zwölf statt sechzehn Mitglieder gezählt haben soll.
[146] Lediglich auf der Rückseite (nicht neben der eigenhändigen Randbemerkung des Königs, wie *Koser* schreibt) des vom Präses abgefaßten Immediatberichts vom 29. Oktober 1730 (BPH Rep. 47, Nr. A 14,4, abgedruckt bei *Hinrichs* [FN 8], Nr. 60, S. 131) finden sich einige Bibelstellen, die von der Schulenburg und nicht der König notiert hat. Vgl. *Koser* (FN 2) Bd. 1 S. 54; *Hinrichs* a. a. O., S. 193 Anm. 2 zu S. 132; anders *Danneil* (FN 136) S. 34.

Enthauptung des Kronprinzen gestimmt[147] und der König wäre nur durch die Intervention „aller fremden Mächte" von der Vollstrekkung abgehalten worden.

2. Der militärgerichtliche Prozeß war ein dem gemeinrechtlichen Strafprozeß nachgebildetes, aber vereinfachtes Inquisitionsverfahren[148]. Das Schwergewicht lag bei den Ermittlungen einer vom König eingesetzten Untersuchungskommission[149], die die Beschuldigten verhörte und die Zeugen vernahm. Dabei kam dem Verhör ad articulos[150] eine besondere Bedeutung zu. Es besagte, daß der Untersuchungsführer vor der Vernehmung des Beschuldigten aus dem gesammelten Material einzelne, schriftlich festzulegende Fragen abzufassen hatte, an deren Reihenfolge er später gebunden war. Die Auditeur-Instruction schrieb subtil vor[151], daß die Artikel „interrogations-weise per verbum *ob* oder *ob nicht*" zu formulieren seien und „in einem articulo nicht mehr, als ein eintziges factum oder membrum" enthalten sein dürfe. Der Beschuldigte wurde artikelweise vernommen, so daß das Gericht später den genauen Verlauf des Verhörs nachprüfen konnte.

Sowohl Katte[152] als auch der Kronprinz sind auf Grund von Inquisitionsartikeln verhört worden. Der Kronprinz wurde auf diese Weise am 16. September in 185 Artikeln befragt[153]. Viele davon

---

[147] Diese Darstellung ist dann von *Preuß* (FN 2) Bd. I, S. 47 f., *Carlyle* (FN 2) Bd. 2 S. 219 und anderen übernommen worden. Zutreffend dagegen *Ranke* (FN 2) 5. Buch, 5. Kap. S. 4; *Koser* (FN 2) Bd. I, S. 53; auffälligerweise findet sich die unrichtige Schilderung auch bei Friedrich der Große – Gespräch mit *Catt*, hrsg. von Schießler (Leipzig 1940), S. 49.

[148] Vgl. *Hans Schneider* (FN 125) S. 47; *Eberhard Schmidt* (FN 11) S. 21 sub C I 1.

[149] Vgl. Vermerk vom 27. August 1730 (BPH Rep. 47 A 142 F vol. I, abgedruckt bei *Hinrichs* [FN 8] Nr. 13, S. 39). Die Kommission setzte sich aus Staatsminister von Grumbkow, General von Glasenapp, Oberst von Sydow, Generalauditeur Mylius und Justizrat Gerbett als Protokollführer zusammen.

[150] Hierzu *Eberhard Schmidt*, Strafrechtspflege (FN 90) § 188 S. 197; *ders.* Kronprinzenprozeß (FN 11) S. 21; *Klaus Geppert*, Der Grundsatz der Unmittelbarkeit im deutschen Strafverfahren (Berlin, New York 1979), S. 20.

[151] Von 1712, Kap. XXIII (Corpus Juris Militaris Novissimum [Leipzig 1724] Sp. 551 ff., 557).

[152] Verhör ad articulos vom 9. September 1730, bei *Hinrichs* (FN 8) nicht gesondert abgedruckt, vgl. a. a. O. S. 192 Anm. 1 zu S. 88. Die Anordnung erließ der König durch Ordre vom 8. September 1730 (BPH Rep. 47 P, abgedruckt bei *Hinrichs* Nr. 37 S. 87 f.). Mylius erstattete über das Verhör Immediatberichte vom 9. und 12. September 1730 (BPH Rep. 47 P, abgedruckt bei *Hinrichs* Nr. 38 und 39, S. 88). Hierauf erging am 13. September 1730 die bereits oben (zu FN 82) zitierte Ordre des Königs, der mit dem Ausgang des Verhörs unzufrieden war.

[153] Actum Cüstrin, 16. September 1730 (BPH Rep. 47 P, abgedruckt bei *Hinrichs* Nr. 43 S. 90 ff.).

stammteri aus der Feder des Königs[154], der überhaupt ständig Einfluß auf den Fortgang der Untersuchung nahm[155]. Dabei wollte er wohl auch sein früheres Verhalten in einem günstigeren Licht erscheinen lassen, wie folgende Suggestivfragen beweisen: „Ob nicht der König als Vater ihn ermahnet hätten und ihm nichts gesaget, als zu seinem besten?" – „Ob nicht der König in seiner (des Kronprinzen) Jugend alles getan hätte, sein Gemüt zu gewinnen?"[156]. Friedrich Wilhelm I. verlangte: „Ihr sollet Ihn auf mein artickell word für wordt examinir(en)"[157] und griff selbst in die Wortwahl des Protokollführers ein. Generalauditeur Mylius mußte statt des vom Kronprinzen verwendeten Begriffs „retraite" im Protokoll durchgängig den Ausdruck „desertion" setzen und wurde angewiesen, das Wort „retraite" nicht weiter zu gebrauchen[158]. Erst auf spätere mündliche Vorstellungen hin, so berichtet *Koser*[159], sei es Mylius gestattet worden, in der abschließenden Relation den Vorwurf der Desertion durch Flucht abzuschwächen.

Entgegen den Bestimmungen der preußischen Kriminalordnung und im Widerspruch zu allgemeinen Rechtsgrundsätzen, auf die Mylius den König aufmerksam gemacht hatte[160], wurde den Inquisiten eine Verteidigung nicht gestattet. Allerdings hatte sich Katte der königlichen Gnade unterworfen und die schriftliche Darlegung

---

[154] Vgl. die Niederschrift des Generalauditeurs Mylius vom 4. September 1730 (BPH Rep. 47 A 142 F vol. I, abgedruckt bei *Hinrichs* Nr. 32, S. 79 f.), die Kabinettsordre des Königs vom 6. September 1730 (BPH Rep. 47 A, abgedruckt bei *Hinrichs* Nr. 35, S. 85 f.) und den Immediatbericht Mylius' vom 13. September 1730 (BPH Rep. 47 P, abgedruckt bei *Hinrichs* Nr. 42, S. 89 f.).

[155] „Sie solen den Katten herter angreiffen" (eigenhändige Ordre des Königs an die Untersuchungskommission, 28. August – BPH Rep. 47 A 142 F vol. I, abgedruckt bei *Hinrichs* Nr. 14 S. 43); „vous exami(nez) toute la jourre et nuit" (eigenhändige Ordre an Grumbkow, 28. August 1730 – BPH Rep. 47 A 142 F vol. I, abgedruckt bei *Hinrichs* Nr. 17 S. 65); „Die hochlöbl. Commission sollen diese Sache nicht so en bagatel tractiren und nur gedenken, daß Sie die Wahrheit wollen heraus haben, also sollen Sie Katte als wie Inquisit Friderich um die Wahrheit heraus zu kriegen, auf die Tortur legen, ist meine Ordre" (Kabinettsordre vom 13. September 1730, s. o. FN 82).

[156] Vgl. die Niederschrift des Generalauditeurs Mylius vom 4. September 1730 (FN 154).

[157] Eigenhändige Randbemerkung des Königs auf der Niederschrift des Generalauditeurs vom 13. September 1730 (s. o. FN 154).

[158] So Mylius in seiner Niederschrift vom 4. September 1730 (vgl. FN 154) am Schluß.

[159] A. a. O. (FN 2) S. 51.

[160] Immediatbericht vom 20. September 1730 (BH Rep. 47 P, abgedruckt bei *Hinrichs* Nr. 47, S. 110 f.

der Gründe hierfür erbeten, „ohne eine weitläufige Defension zu verlangen"[161].

3. Das Verfahren vor dem Kriegsgericht war ein schriftliches, in dem die Beschuldigten nicht mehr gehört wurden. Das Gericht urteilte allein auf Grund der Aktenlage und einer vom Auditeur zu verfassenden Relation, die den Sachverhalt, die be- und entlastenden Umstände sowie eine Unterweisung über die anzuwendenden Strafvorschriften zu enthalten hatte[162].

Die Verhandlung, an der die Auditeure Mylius und Gerbett ohne Stimmrecht teilnahmen, begann mit der Verlesung der Akten, die zwei Tage in Anspruch nahm. Daraufhin legten der Präses und seine Assessoren den Richtereid ab, nach bestem „Wissen und Gewissen und nach S.K.M. Reglement, Kriegsarticuln, Edicten, Rechten und Gewohnheiten" Recht zu sprechen[163]. Sodann trennten sich die Rangklassen zu gesonderter Beratung und Abfassung der Voten, die sie dem Präses noch am selben Tage vorlegten. Jede Klasse hatte eine Stimme, die einheitlich abzugeben war. Der Präses, der in Kenntnis des Abstimmungsergebnisses am folgenden Tage votierte, verfügte über eine sechste, gleichwertige Stimme. Diese Stimmverteilung erklärt das schwierige Abstimmungsverfahren im Falle des Leutnants von Katte.

4. Der Spruch des Kriegsgerichtes soll hier nur insoweit interessieren, als er den Kronprinzen und Katte betrifft. Das Urteil gegen Keith, der in effigie[164] gehenkt werden sollte, ist bereits bekannt.

Hinsichtlich des Kronprinzen waren sich alle Voten[165] darüber einig, daß in dieser – wie die Obristen formulierten[166] – „delikaten Sache" eine kriegsgerichtliche Sentenz nicht gesprochen werden

[161] Wie Mylius a.a.O. (FN 160) berichtet.
[162] Hierzu im einzelnen *Hülle* (FN 117) S. 54 ff.
[163] Eid der Mitglieder des Kriegsgerichts (BPH Rep. 47 A, abgedruckt bei *Hinrichs* Nr. 56, S. 117).
[164] Siehe oben zu FN 9. Wegen der zahlreichen Desertionen war diese Vollstreckung so häufig, daß Friedrich Wilhelm I. wegen der Gebührenforderungen der Scharfrichter ein Edikt erlassen mußte, wonach „der hencker, wenn er nur einen namen allein anzuhefften hat, vor solche affigirung 5 rthlr. bekommen, wann er aber mehr namen anschlägt, es mögen seyn so viel es wollen, er sich davor überhaupt mit 10 rthlr. begnügen soll" (Edikt vom 16. 4. 1720, Corpus Juris Militaris Novissimum (Leipzig 1724) Sp. 757 f.).
[165] Vom 27. und 28. Oktober 1730 (BPH Rep. 47 A, abgedruckt bei *Hinrichs* Nr. 58 S. 117 ff.; *Danneil* (FN 136) S. 1 ff.).
[166] A.a.O. *Hinrichs* S. 126; *Danneil* S. 14.

36

könne, wobei es nach Ansicht der Oberstleutnants[167] an einer Rechtsgrundlage fehlte. Die Kriegsrichter waren übereinstimmend der Auffassung, daß es sich um eine „Staats- und Familiensache zwischen einem großen Könige und dessen Sohne" handle, in die sie als Offiziere, Vasallen und Untertanen durch einen Spruch nicht eingreifen dürften, zumal die Majestät den Sohn väterlich und als König strafen könne[168]. Im übrigen verwiesen sie darauf, daß die Flucht des Kronprinzen nicht zur Ausführung gekommen sei und sein Vorhaben schon früher gescheitert wäre, wenn man es rechtzeitig gemeldet und nicht noch unterstützt hätte. Es folgte der Hinweis auf die wehmütige Reue des Kronprinzen, seine Submission und die Anrufung väterlicher Gnade[169].

Das Verhalten des Königs diesem Teil des kriegsgerichtlichen Spruches gegenüber ist aufschlußreich. Er konfirmiert nicht, er reagiert nicht, sondern akzeptiert stillschweigend. Formal handelt er sogar korrekt, da nur Strafen oder Freisprüche zu bestätigen waren, das Gericht sich aber im Falle des Kronprinzen für unzuständig erklärt hatte.

Auf den ersten Blick erscheint das kriegsgerichtliche Votum widersprüchlich. Während die versuchte Desertion des Kronprinzen straflos bleibt, wird der geringe Tatbeitrag Kattes mit schwerer Strafe belegt. Bewahrheitet sich hier der böse Satz, daß man die Kleinen hängt und die Großen laufen läßt, oder wird Individualgerechtigkeit unter Vernachlässigung der Normgerechtigkeit geübt?

Der versuchten Desertion war Friedrich schuldig, obwohl er mit seiner Flucht nur der väterlichen Strenge entgehen wollte. Familiäre oder politische Gründe als Hauptmotiv schlossen die Absicht der Fahnenflucht nicht aus, auch wenn diese für ihn das einzige Mittel zur Erreichung anderer Zwecke war[170]. Sein Wille, aus den Flucht-

---

[167] A. a. O. *Hinrichs* S. 124; *Danneil* S. 10 („zumalen da wir bei diesem Umstand kein gewißes Gesetze in den Königl. Reglements, Kriegesarticuln, Edikten, Rechten und Gewohnheiten finden").

[168] Vgl. den zusammenfassenden Immediatbericht des Generalleutnants von der Schulenburg vom 29. Oktober 1730 (BPH Rep. 47 A, abgedruckt bei *Hinrichs* Nr. 60 S. 131 f.). Die wörtliche Formulierung findet sich im Votum der Obristen (FN 166).

[169] Vgl. den Immediatbericht Schulenburgs (FN 168) sowie das Votum der Kapitäne (*Hinrichs* S. 118), der Majore (*Hinrichs* S. 121), der Oberstleutnants (*Hinrichs* S. 124), der Obristen (*Hinrichs* S. 126), der Generalmajore (*Hinrichs* S. 127) sowie des Präses (*Hinrichs* S. 129).

[170] Zur heutigen Rechtslage nach § 16 WStG vgl. *Schölz*, Wehrstrafgesetz, 2. Aufl. (München 1975) § 16 Rdnr. 14; *Kohlhaas/Schwenck*, Rechtsprechung in Wehrstrafsachen § 16 WStG Nr. 1.

vorbereitungen ersichtlich, richtete sich nicht auf ein bloßes Echappieren[171], wie er als Schutzbehauptung immer wieder vorgegeben hat. Er wollte sich nicht lediglich unerlaubt entfernen und die Truppe eigenmächtig verlassen, sondern mit seiner Vergangenheit brechen. Er bezweckte den familiären Bruch mit dem Vater, was den militärischen Treubruch[172] gegenüber dem Kriegsherrn notwendig einschloß.

Wenn für den Spruch des Kriegsgerichts dennoch der familiäre Konflikt ausschlaggebend war, so hat es zu Recht die Tatsache berücksichtigt, daß der Kronprinz härter und brüsker als jeder andere Offizier behandelt wurde, nicht als Untergebener seines Vorgesetzten, sondern als Sohn des Vaters. Dieser hatte ihm bei einer Züchtigung ausdrücklich zugerufen, er traktiere ihn wie sein Kind, aber nicht wie einen Offizier[173]. Mußte nunmehr die Verletzung militärischer Pflichten durch einen Offizier nicht anders bewertet werden, wenn diesem die Rechte seines Standes vorenthalten wurden? Gerade für den Fall eines Angriffs auf die Ehre sprach das Dienstreglement des Königs den Offizier vom unbedingten Gehorsam gegen seinen Vorgesetzten frei[174].

Mag das Kriegsgericht mit seiner Entscheidung juristisch auch nicht rundum überzeugen, so hat es doch die infolge der Zuspitzung für alle Beteiligten beinahe ausweglose Situation sachlich zutreffend und verfahrensmäßig geschickt bereinigt. Es hat die Verantwortung für das strafgerichtlich nicht zu lösende Problem demjenigen zurückgegeben, der sie zu tragen hatte: dem Souverän, Gerichtsherrn und Vater.

5. Kattes Verhalten wurde von den einzelnen Chargen unterschiedlich bewertet. Einigkeit bestand lediglich darin, daß die Desertion nicht zur Ausführung gekommen, sondern es „bei dem bösen Vorsatz und Abrede" geblieben sei[175], wobei der Präses noch bemerkte, daß die für die Tatausführung erforderliche feste Verab-

---

[171] Es entspricht militärstrafrechtlicher Tradition bis zum heutigen Tag, zwischen „unerlaubter Entfernung" bzw. „eigenmächtiger Abwesenheit" einerseits und Fahnenflucht andererseits zu unterscheiden, vgl. §§ 64 ff. MilStGB v. 20. 6. 1872 (RGBl. S. 174), §§ 15, 16 WStG i. d. F. v. 24. 5. 1974 (BGBl. S. 1213).

[172] Zum Wesen der Fahnenflucht als Treubruch vgl. *Schölz* (FN 170), § 16 Rdnr. 1.

[173] Vgl. die Niederschrift des Generalauditeurs Mylius vom 4. September 1730 (FN 154).

[174] Hierzu *Koser* (FN 2) Bd. I, S. 26.

[175] So die Voten (FN 165) in der in FN 169 aufgeführten Reihenfolge bei *Hinrichs* S. 118, 119f., 122, 125, 128, 130.

redung über Ort und Zeit gefehlt habe[176]. Dennoch stimmten die
Majore, die Oberstleutnants und die Obristen für die Todesstrafe,
während die Kapitäne und Generalmajore für ewigen Festungsar-
rest votierten[177]. Strafschärfend werteten die Oberstleutnants, daß
Katte ihrer Ansicht nach auf Grund seines Eides zur Anzeige des
Vorhabens verpflichtet war und daß bei einer gelungenen Flucht
„größeste Unruhe und böse Suiten" hätten entstehen können[178].
Alle Plädoyers für die Todesstrafe schlossen mit der Bitte um einen
Gnadenerweis, teils unter Hinweis auf die Reue des Angeklagten,
teils unter Berufung auf die Äußerung des Kronprinzen, er werde
im Falle der Hinrichtung Kattes zeit seines Lebens kein ruhiges
Gewissen haben.

In einem sehr abgewogenen und überlegenen, auch juristisch
zwischen bloßer Vorbereitungshandlung und Tatausführung diffe-
renzierenden Votum[179] schloß sich der Vorsitzende der Minder-
meinung des Kriegsgerichts an. Da somit kein Strafvorschlag eine
Mehrheit gefunden hatte, trat das Kollegium nochmals zusammen[180]. Alle Offiziersklassen blieben jedoch bei ihrem Vorschlag
und der hierfür gegebenen Begründung. Einigkeit bestand aber darin, daß angesichts der Stimmengleichheit nach Recht und Brauch
die Sentenz auf die mildere Strafe, also auf Festungshaft, zu lauten
habe[181]. In diesem Sinne erging der Spruch und erstattete der Präses
dem König seinen Immediatbericht unter Beifügung des von Katte
früher ausgebetenen Gnadengesuchs[182].

---

[176] Votum des Präses vom 28. Oktober 1730 (*Hinrichs* S. 30, *Danneil* S. 20).
[177] Vgl. den Immediatbericht Schulenburgs vom 29. Oktober 1730 (FN 168), die
Voten der ersteren Gruppe bei *Hinrichs* S. 120, 122, 125, der letzteren a. a. O.,
S. 118, 128.
[178] Vgl. *Hinrichs* S. 122.
[179] S. FN 176: „daß auch in denen größten Verbrechen ein sonderbarer Unter-
schied zwischen würklicher Vollziehung der vorgenommenen bösen Tat und zwischen denen darzu allererst genommenen Mesures sein müsse und eine Lebensstrafe
zwar bei jener, nicht aber bei diesen statt finden könne".
[180] Protokoll des Kriegsgerichts vom 28. Oktober 1730 (BPH Rep. 47 A, abgedruckt bei *Hinrichs* Nr. 59, S. 130 f.).
[181] Vgl. den Immediatbericht Schulenburgs vom 29. Oktober 1730 (FN 168).
Diese Konsequenz ergab sich aus Kap. LXX der Kriegsgerichtsordnung von 1712:
„Wann aber paritas votorum sich finden solte, und es mit des Praesidis voto nicht ad
disparitatem käme, so kan ... der Auditeur nach dergleichen votis, welche in mitio-
rem partem incliniren, und in favorem inquisiti ausfallen, die sentientiam wohl abfas-
sen ..." (Corpus Juris Militaris Novissimum (Leipzig 1724) Sp. 523 ff. (544). Vgl. in
diesem Zusammenhang auch § 196 Abs. 3 S. 2 GVG.
[182] Immediatbericht vom 29. Oktober 1730 (FN 168) und Gnadengesuch (BPH
Rep. 47 A, abgedruckt bei *Hinrichs* Nr. 61, S. 132 f.).

Mit der eigenhändigen Randbemerkung[183], „sie sollen recht
sprech ud nit mit mit dem Flederwisch vorüber gehn da Katte also
Wohll getan sol das Krichgericht wieder zusammenkomen ud eine
andes sprechen", schickte Friedrich Wilhelm I. die Akten unver-
züglich nach Köpenick zurück. Allzu subtil erscheint es, wenn
Hans Schneider[184] hierin nur einen Wunsch, nicht aber einen Befehl des Königs sieht. Sowohl nach ihrem Wortlaut als auch nach ihrem Sinn ist die Marginalie nicht als unverbindliche Anregung, sondern als verbindliche Anordnung des obersten Kriegsgerichtsherrn
anzusehen, und so ist sie auch vom Kriegsgericht verstanden worden. In dessen Protokoll vom 31. Oktober heißt es, es sei zusam-
mengekommen, weil seine königliche Majestät „wegen Kattens
sich anderweit zu versammeln befohlen" habe[185].

Trotz der Rückverweisung der Sache durch den König beharrte
das Kriegsgericht nach abermaliger Beratung auf seinem Ausspruch, der wiederum durch getrennte Voten der einzelnen Offiziersklassen ohne Abweichung gegenüber den früheren Auffassun-
gen zustande kam[186].

VI. Der Spruch des Königs

1. In seiner Kabinettsordre vom 1. November[187] bestätigte der
König nunmehr in fast allen Punkten den Spruch des Kriegsgerichts
mit dem einleitenden Hinweis, daß er „mit demselben in allen Stük-
ken sehr wohl zufrieden sei". Er begnadigte sogar den am Verfahren
beteiligten und zu sechsmonatiger Festungshaft verurteilten Leutnant von Ingersleben[188].

Im Falle Katte schärfte er jedoch das Erkenntnis und verurteilte
ihn zur Hinrichtung durch das Schwert. Er sah in dessen Komplott
mit dem Kronprinzen und ausländischen Diplomaten eine Verletzung der militärischen Treuepflicht, die in ganz besonderem Maße

---

[183] Auf der ersten Seite des o. a. (FN 168) Berichts, abgedruckt bei *Hinrichs*
S. 132. Das Schriftbild läßt auf eine heftige Gemütsbewegung des Königs schließen.
[184] A. a. O. (FN 125) S. 50.
[185] Protokoll des Kriegsgerichts vom 31. Oktober 1730 (BPH Rep. 47 A, abgedruckt bei *Hinrichs* Nr. 62 S. 133 f.).
[186] Vgl. Protokoll vom 31. Oktober 1730 (FN 185).
[187] Kabinettsordre an das Kriegsgericht (BPH Rep. 47 A, abgedruckt bei *Hinrichs* Nr. 64 S. 135 ff.).
[188] Johann Ludwig von Ingersleben wird in den Ranglisten 1745 als Oberstleutnant und 1755 als Generalmajor geführt (vgl. *Jany* (FN 105) Bd. 2 S. 171 FN 147,
S. 173 Nr. 15).

für die Angehörigen des ihm und seinem Hause attachierten Regiments Gensd'armes gelten müsse. Der König fuhr fort: „S.K.M. werden auf die Art sich auf keinen Officir, noch Diener, die in Amt und Pflicht seien, sich verlaßen können", weil sich jeder auf die geringe Bestrafung Kattes berufen könne; obwohl man Katte wegen Majestätsverbrechens von Rechts wegen mit glühenden Zangen reißen und ihn aufhängen müsse, erkenne er in Anbetracht der Familie nur auf Hinrichtung durch das Schwert[189].

Katte wird nach Küstrin gebracht. Für die Exekution hat der König wieder detaillierte Befehle gegeben[190]: Am 6. November um sieben Uhr früh soll vor dem Fenster des Kronprinzen nach Verlesung des Todesurteils und nach einem Gebet der Scharfrichter Katte den Kopf abschlagen. Unter Bewachung müsse der Körper bis zwei Uhr nachmittags liegen bleiben. Dem Kronprinzen sei zu befehlen, die Exekution in Anwesenheit von Offizieren anzusehen. Anschließend könne er mit dem Prediger der Gensd'armes sprechen und beten. In Küstrin verfährt man weisungsgemäß[191].

Die Hinrichtung Kattes, insbesondere der letzte Wortwechsel der Freunde, die Ohnmacht und Trauer des Prinzen[192] sind in der Folgezeit Gegenstand herzbewegender Lesebuchgeschichten und Höhepunkte dichterischer Dramen[193] geworden.

---

[189] Die Kabinettsordre vom 1. November 1730 (FN 187) wird Katte am 2. November bekanntgegeben (Protokoll des Kriegsgerichts vom 2. November 1730 (BPH Rep. 47 A, abgedruckt bei *Hinrichs* Nr. 65 S. 137).

[190] Kabinettsorde an den Generalmajor von Lepel und den Obristen von Reichmann vom 3. November 1730 (BPH Rep. 47 A, abgedruckt bei *Hinrichs* Nr. 72 S. 143 f.).

[191] Vgl. die Immediatberichte des Generalmajors von Lepel und der neumärkischen Kriegs- und Domänenkammer vom 6. und 7. November 1730 (BPH Rep. 47 A 143 B ad vol. IV, abgedruckt bei *Hinrichs* Nr. 75, 1 und 2, S. 146 f.).

[192] Vgl. den Immediatbericht der neumärkischen Kriegs- und Domänenkammer (FN 191); die Immediatberichte des Generalmajors von Lepel vom 7. und 8. November (*Hinrichs* S. 159, 160); ferner *Hoffbauer*, Die Hinrichtung des Hans Hermann von Katte in Küstrin in: Jahresberichte und Mittheilungen des Historisch-Statistischen Vereins zu Frankfurt a. O. (1867) S. 49 ff. (60).

[193] Vgl. *Paul Ernst*, Preußengeist, Schauspiel in drei Aufzügen (Leipzig o. J.); *Hermann Burte*, Katte, Schauspiel (Berlin 1940). Hierzu *Paul Fechter*, Geschichte der deutschen Literatur (1952); *Paul Schaffner* in: Festschrift für Hermann Burte, hrsg. von Franz Burda (Offenburg 1959), S. 66; nach *Heinrich Berl* hat Burte in dem am 6. 11. 1914 in Dresden uraufgeführten Schauspiel „die zuchtvolle Form des preußischen Stils mit den Inhalten der Zeit" verbunden (Burte-Festschrift S. 70). Deutlich distanzierter äußerte sich *Alfred Kerr*: „preußisch ist, wer preußisch schreibt; nicht wer Preußenstücke schreibt" (Rezension einer Aufführung im Berliner Theater in der Kommandantenstraße, in der u. a. Gustav Gründgens spielte, Berliner Tageblatt, Abendausgabe v. 1. 2. 1923, Jg. 52 Nr. 54). In einer Besprechung der Urauf-

2. Es wäre völlig unzutreffend, das Verhalten Friedrich Wilhelms I. als Eingriff in die Rechtspflege, als königlichen Machtspruch[194] oder gar als Willkürakt zu qualifizieren. Das Strafurteil des Königs ist Rechtsspruch und soll es sein. Deshalb dekretiert er nicht nur, sondern argumentiert auch[195].

Als oberster Gerichtsherr und Kriegsgerichtsherr konnte der Souverän die von seinen Richtern gefällten, ohne landesherrliche Konfirmation gar nicht vollstreckbaren Sprüche überprüfen, aber auch an Stelle der von ihm eingesetzten Richter tätig werden und selbst Recht sprechen[196]. Zwar war eine Mitwirkung des Souveräns bei den Beratungen der Strafgerichte oder Kriegsgerichte nicht vorgesehen. Es bedurfte ihrer auch nicht, weil ihm als oberster gerichtlicher Instanz jederzeit die Möglichkeit der Änderung offenstand. Aus der üblichen Abstinenz kann jedoch keine verbürgte Unabhängigkeit hergeleitet werden. Sie hat offensichtlich auch *Eberhard Schmidt*[197] nicht im Sinn, wenn er ausführt, das vom Kriegsherrn berufene Kriegsgericht habe unabhängig von diesem und ohne seine persönliche Mitwirkung das Urteil in der Sache finden müssen. *Hans Schneider*[198] rechnet es lediglich zu den ungeschriebenen Grundsätzen, daß die Könige in die freie Urteilsbildung der beauftragten Gerichte nicht eingriffen und die innere Entscheidungs- und Erkenntnisfreiheit der Richter respektierten. Daher mag die Ordre Friedrich Wilhelms I., das Kriegsgericht möge den Fall Katte

---

führung wird beklagt, „daß der fünfte Akte mit seiner gequälten Sentimentalität und kinomäßigen Schauerlichkeit dem ganzen Werke Abbruch tut" (Neueste Nachrichten Leipzig v. 5.11.1914).

[194] Vgl. in diesem Zusammenhang *Stölzel*, Brandenburg-Preußens Rechtsverwaltung und Rechtsverfassung, Bd. 2 (Berlin 1888) S. 15 f., 284; *dens.* Fünfzehn Vorträge aus der Brandenburg-Preußischen Rechts- und Staatsgeschichte (Berlin 1889), S. 155 f., 157 ff.; *Eberhard Schmidt*, Rechtssprüche und Machtsprüche der preußischen Könige des 18. Jahrhunderts (Leipzig 1943) S. 4 ff., 21; *Bornhak*, Preußische Staats- und Rechtsgeschichte (1903, Neudruck 1979) S. 252, 276, 286 f.; *Ogris* (FN 132) S. 175; *dens.* Art. Kabinettsjustiz in: Handwörterbuch zur deutschen Rechtsgeschichte Bd. II (Berlin 1974) Sp. 515 ff.; *Jürgen Regge*, Kabinettsjustiz in Brandenburg-Preußen (Berlin 1977) S. 60; *Merten*, Rechtsstaatlichkeit und Gnade (FN 130) S. 38 ff.

[195] Indem er auf das crimen laesae Majestatis, den Treueid, die gesteigerte Treupflicht für Angehörige des Regiments Gensd'armes und deren Verletzung durch eine Verabredung zur Desertion und ein Komplott mit fremden Ministern und Gesandten verweist (Kabinettsordre vom 1. November 1730 (FN 187).

[196] Vgl. *Hans Schneider* (FN 125); *Eberhard Schmidt*, Kronprinzenprozeß (FN 11) S. 20.

[197] A. a. O. (FN 11) S. 20.

[198] A. a. O. (FN 125) S. 49.

42

nochmals beraten und anders entscheiden, unüblich gewesen sein, unzulässig war sie aber nicht, weil der Monarch jederzeit in den Gang des Verfahrens eingreifen durfte. Das Verhalten Friedrich Wilhelms I. wirft keine rechtlichen Probleme auf, sondern zeigt nur die politischen Schwierigkeiten des Königs, der die Strafe nicht selbst schärfen, sondern ein Todesurteil seines Kriegsgerichts erhalten wollte.

3. Da das Kriegsgericht dem König nicht willfährt, schärft dieser das Urteil gegen Katte selbst, aber er tut es ungern. So betont er einleitend, er sei es nicht gewohnt, ,,die Kriegesrechte zu schärfen, sondern vielmehr, wo es möglich zu mindern"[199]. In der Tat wurden wegen des königlichen Bestätigungsrechts viele Todesurteile nicht vollstreckt. So sind in Preußen in der ersten Hälfte des 19. Jahrhunderts von 129 Todesurteilen aus der Rheinprovinz nur 11 vom Souverän konfirmiert worden[200]. Strafschärfungen waren in der Regel unpopulär. Auch nach dem Katte-Urteil kommt es im Ausland, das sich schon damals für interne Vorgänge in Deutschland interessiert und empfindlich reagiert, zu ,,verdrießlichen Diskursen", wie der preußische Resident aus London berichtet[201]. Davon ließ sich jedoch ein preußischer König nicht beeindrucken, und so bemerkt Friedrich Wilhelm I. in seiner derben, gegenständlichen und zupackenden Sprache – hierin Luther ähnlich – nur am Rande: ,,soll antworten, das wa(n) noch 100 000 solche Katten wehren, ich sie alle mit einander lassen Redern"[202].

Für die Entscheidung des Königs dürften sein unnachsichtiges Gerechtigkeitsstreben und die Idee der Staatsräson ausschlaggebend gewesen sein. Sie kommen auch im Strafurteil mit dem Satz zum Ausdruck: fiat justitia et pereat mundus[203]. Im Gegensatz zum landläufigen Verständnis hat dieser Spruch für den König, der nie

---

[199] Kabinettsordre vom 1. November 1730 (FN 187).

[200] Vgl. *Regge* (FN 194) S. 160; auch in kriegsgerichtlichen Verfahren jener Zeit sind Todesurteile nur selten bestätigt worden, vgl. *Jany* (FN 105) Bd. 3 S. 591.

[201] Bericht des Preußischen Residenten Degenfeld vom 24. November 1730 (BPH Rep. 47, Nr. A 14, 13), von *Hinrichs* S. 184 erwähnt. Prinz Eugen bemerkt hierüber zu Seckendorff, ,,das so großes recht zu dessen Condemnirung der König auch gehabt magen mag, die übelgesinnte es aller Orten besonders in England zu des Königs nachklag ausstreuen werden!" (zitiert nach *Arneth* (FN 3) Bd. III S. 572).

[202] Eigenhändige Marginalie des Königs auf dem dechiffrierten Bericht des Residenten (vgl. FN 201), abgedruckt bei *Hinrichs* Nr. 93 S. 184 und in: Fürsprache (FN 17), S. 20.

[203] Zur Entstehung und Bedeutung des Satzes *Wilhelm Sauer*, Gerechtigkeit (Berlin 1959), S. 156.

eine besondere Vorliebe für das Lateiniche hegte[204], eine andere
Bedeutung. Das beweist seine Antwort[205] auf das Gnadengesuch
des Generalfeldmarschalls Graf von Wartensleben, des Großvaters
Kattes. Hierin heißt es, es sei besser, ,,daß ein Schuldiger nach der
Gerechtigkeit sterbe, als daß die Welt oder das Reich zu Grunde
gehe". Und ähnlich lautet der versöhnliche[206] Schluß seines Strafurteils, Katte solle gesagt werden, daß es seiner Königlichen Majestät
leid täte, ,,es wäre aber besser, daß er stürbe, als daß die Justiz aus
der Welt käme". Hierin offenbaren sich die Ideen der Generalprävention und der Abschreckung, wie sie auch später die Strafgesetz-
gebung Friedrichs des Großen[207] beherrscht haben. Ausführlicher
begründet der König im Schreiben an Graf von Wartensleben, er
habe nicht pardonnieren können, ,,weil die Wohlfahrth des ganzen
Landes und meiner selbst, wie auch meiner Familie, wegen der
künftigen Zeiten" die Urteilsvollstreckung notwendig erfordere.
Zudem weiß Friedrich Wilhelm I., daß sich für Katte bei einer le-
benslangen Festungsstrafe spätestens mit dem Thronwechsel der –
angesichts heutiger Gnadenpraxis[208] gängige – Satz bewahrheiten
würde: lebenslänglich ist auch vergänglich.

4. Die Hinrichtung Kattes gerade in Küstrin und in erzwungener
Anwesenheit des Kronprinzen macht schließlich deutlich, daß der
König nach jahrelangem, ergebnislosem Ringen um die Erziehung

---

[204] Wie er überhaupt der humanistischen Bildung abhold war, vgl. *Gerhard Oestreich*, Die Bedeutung des niederländischen Späthumanismus für Branden-burg-Preußen in: Humanismus und Naturrecht in Berlin-Brandenburg-Preußen, hrsg. von Hans Thieme (Berlin, New York 1979), S. 16 ff. (23). In der Instruktion für die Erziehung des Kronprinzen vom 13. 8. 1718 hatte er das Erlernen der lateinischen Sprache verboten (vgl. *Friedrich Förster*, Friedrich Wilhelm I. König von Preußen, Bd. 1 (Potsdam 1834) S. 355; *Oestreich* a. a. O., S. 23).

[205] Kabinettsordre an den Generalfeldmarschall Graf von Wartensleben vom 3. November 1730, abgedruckt bei *Hinrichs* Nr. 71, S. 142 f.

[206] *Fontane* hebt hervor, daß dieser Erlaß ,,in aller äußersten Strenge doch noch immer einen echt und schön menschlichen Ton anschlägt" (Die Märker und die Ber-liner und wie sich das Berlinertum entwickelte aus: Zur Märkisch-Preußischen Ge-schichte 1864–1889, in: Sämtliche Werke, Bd. XIX Politik und Geschichte (Mün-chen 1969) S. 746, Fußn.).

[207] Hierzu *F. Willenbücher*, Die strafrechtsphilosophischen Anschauungen Friedrichs des Großen (Breslau 1904), insbes. S. 10 f., 19 ff. Siehe auch die Ordre des Königs vom 13. 3. 1786 (abgedruckt a. a. O. S. 20 FN 2): ,,Denn zu Erhaltung der Si-cherheit des Publicums müssen dergleichen Verbrecher, welche Leuthe auf denen Land- und Heerstrassen befallen, nothwendig exemparisch bestraft werden, um andre abzuschrecken."

[208] Zum ,,Ausverkauf" der Gnade vgl. *Merten*, Rechtsstaatlichkeit und Gnade (FN 130), S. 76 ff.

des Thronfolgers in der Verhängung der Todesstrafe gegen den
Freund die letzte Möglichkeit einer Erschütterung und daraus re-
sultierenden Wandlung des oftmals allzu leichtfertigen und ober-
flächlichen, leichtlebigen und nachlässigen Prinzen sieht.

Den Tod des Kronprinzen, mochte dieser ihn auch zeitweilig be-
fürchtet haben[209], hatte der König sicher niemals gewollt – von Au-
genblicken des Zorns und der Erregung abgesehen. Auch hierin un-
terschied sich das fortschrittliche Preußen vom rückständigen Ruß-
land[210]. Ernstlich und lange hatte er dagegen eine Änderung der
Thronfolge erwogen, die er mit Rücksicht auf die in der Goldenen
Bulle[211] geregelte Erbfolge durch eine Verzichtserklärung des
Kronprinzen erreichen wollte. Hierauf zielen die von ihm für das
Verhör formulierten Inquisitions-Artikel, ,,ob Er meritirte Landes
Herr zu werden, ... ob Er wollte die Succession abtreten und re-
nuntiiren"[212] – Artikel, von denen Mylius[213] dem König erklärt,
daß er sie nur auf ausdrücklichen Befehl aufnehme, weil er sie aus
den Akten und den bekannten Umständen nicht würde habe formulieren können. Mit bewundernswerter diplomatischer Geschick-
lichkeit und staatsmännischer Klugheit weicht Friedrich der ver-
langten Entscheidung aus[214]. Er könne sein Richter nicht sein, ant-
wortet er, und gibt damit die Verantwortung, wie später das
Kriegsgericht, an den König zurück. Wenn Friedrich Wilhelm I.
nunmehr trotz allem zu der Thronfolge steht, dann nicht wegen der
politischen Gewandtheit und schon gar nicht wegen der devoten
Gnadenbitte des Prinzen, sondern weil er erkennt, daß im Interesse
des Aufstiegs Preußens und der Vollendung seines eigenen Lebens-

---

[209] Vgl. hierzu die Berichte Lepels (FN 192, *Hinrichs* S. 160) und des Predigers
Müller vom 8. November 1730 (*Hinrichs* Nr. 79, S. 163 ff. (165)). Siehe in diesem Zusammenhang auch *Carlyle* (FN 2) S. 217.
[210] Hier war 1718 zur Entdeckung angeblicher Verschwörungs- und Staats-
streichpläne der Zarewitsch Alexej auf Geheiß seines Vaters, Peters I., gefoltert worden und an den Folgen der Tortur gestorben. Vgl. *Stökl,* Russische Geschichte,
3. Aufl. (Stuttgart 1973), S. 385 f.; *Reinhard Wittram,* Peter I., Czar und Kaiser,
Bd. II (Göttingen 1964), S. 392 ff., 398 ff.
[211] Cap. 7,1 und 25, a. a. O. (FN 96) S. 58, 80.
[212] Vgl. Kabinettsordre vom 6. September 1730 (FN 154); hierzu auch *Eberhard
Schmidt,* Kronprinzenprozeß (FN 11), S. 25.
[213] Immediatbericht des Generalauditeurs Mylius vom 13. September 1730 (FN
154).
[214] Vgl. das Verhör ad articulos vom 16. September 1730 (FN 153) insbes. zu
Art. 183 ff. (*Hinrichs* S. 106); hierzu auch *Eberhard Schmidt,* Kronprinzenprozeß
(FN 11), S. 25 f.

werks der Staat die Willensstärke, Energie und Unbeugsamkeit Friedrichs[215] benötigt, die das Verhältnis von Vater und Sohn solange vergällt haben. Veranlaßt die Staatswohlfahrt den König, die Person des Thronfolgers zu schonen, so zwingt ihn die Staatsräson[216] um so stärker, gegen den Tatbeteiligten die Härte des Gesetzes anzuwenden. *Fontane*[217] hat erkannt, daß im eigentlichen Mittelpunkt der Fluchttragödie nicht Friedrich, sondern Katte steht. ,,Er ist der Held und er bezahlt die Schuld" – mit ,,freimütiger Herzhaftigkeit", wie Augenzeugen berichten[218], gefangen und doch frei. Wenn eine über hundert Jahre alte Tafel in Steinsfurt verkündet: ,,Hier blieb auf seiner Flucht am 4./5. August 1730 Friedrich der Große dem Vaterland erhalten", so muß es in einem viel höheren Sinne von Küstrin heißen: Hier wurde Friedrich der Große am 6. November 1730 dem Staate gewonnen – mit einer moralischen Handlung, die den Ewig-Heutigen unverständlich sein muß.

VII. Der Weg Preußens in den Rechtsstaat

1. In dem Beharren auf ihrem Spruch unter Hinweis auf Eid und Gewissen nehmen die Kriegsrichter von Köpenick – vielleicht nicht zum ersten Male, aber in einem der aufsehenerregendsten Prozesse des 18. Jahrhunderts – Unabhängigkeit in Anspruch und widersetzen sich dem königlichen Befehl. Dieser Umstand macht den Katte-Prozeß so bedeutsam, offenbart er doch jenen Richtermut vor Königsthronen, für den preußische Richter in aller Welt bekannt werden sollen. Zur Schärfung richterlicher Erkenntnisse ist es auch später gekommen[219]. *Suarez*[220] warnt vor ihnen in seinen Kronprinzenvorträgen, ,,weil der Regent nicht härter strafen dürfe als das Gesetz und die Erkenntnisse der Kriminalgerichte die Vermu-

---

[215] Vgl. hierzu *Gerhard Ritter*, Friedrich der Große – ein historisches Profil, 3. Aufl. 1954 (Nachdruck Königstein 1978) S. 37, 43 f., 49.

[216] Hierzu *Meinecke*, Die Idee der Staatsräson in der neueren Geschichte, 3. Aufl. (Werke, hrsg. von Herzfeld, Hinrichs und Hofer, Bd. I, München 1963).

[217] Küstrin – Die Katte-Tragödie (FN 49) S. 186.

[218] Vgl. Schreiben des Garnisonpredigers Besser an den Vater Kattes, o. D. (BPH Rep. 47, Nr. 292, bei *Hinrichs* aus der ,,Eklektischen Monatsschrift", Lübeck 1785 nachgedruckt, S. 151 ff. (154), ferner abgedruckt bei *Hoffbauer* (FN 192) S. 54.

[219] Vgl. *Stölzel*, Rechtsverwaltung (FN 194), S. 311 ff., 318 f., 326 ff.; *Willenbücher* (FN 207) S. 59 ff.

[220] Vorträge über Recht und Staat, hrsg. von Conrad und Kleinheyer (Köln und Opladen 1960), S. 428 f.

tung der Gesetzmäßigkeit in sich trügen, so daß der Herrscher auch bei dem besten Willen und dem reinsten Gerechtigkeitseifer Gefahr laufe, Ungerechtigkeiten zu begehen". Dennoch wurde auch in das Allgemeine Landrecht von 1794 ein Verbot der Strafschärfung nicht aufgenommen, und noch eine Ordre von 1801 betonte, die Befugnis, Strafen zu schärfen, zu mildern oder zu verwandeln, sei Vorbehalt der Krone[221].

2. Der vielzitierte Ausspruch Friedrichs des Großen[222], in den Gerichtshöfen sollten Gesetze sprechen und Herrscher schweigen, darf nicht mißverstanden werden. Dasselbe gilt für den königlichen Erlaß von 1815, der die vollkommene Selbständigkeit der Gerichte bei ihren Entscheidungen durch Urteil und Recht erstmals für die gesamte preußische Monarchie verkündete[223]. Denn die proklamierte Enthaltsamkeit in judicando bezog sich nur auf die Zivilrechtspflege, schloß aber Kriminalsachen aus[224]. Landesherrliche Eingriffe in zivilgerichtliche Entscheidungen werden als „Machtsprüche" angesehen und bezeichnet[225], weil staatliche Belange in der Zivilrechtspflege seltener als in der Strafrechtspflege berührt werden und ein Spruch des Souveräns trotz dessen Machtvollkommenheit als Einmischung empfunden wird. Dennoch haben Friedrich Wilhelm I. wie auch Friedrich der Große – jedenfalls zu Beginn seiner Regierungszeit – von dem Recht, in Zivilrechtsstreitigkeiten Machtsprüche zu erlassen, Gebrauch gemacht[226]. Unter dem Einfluß der Gewaltentrennungslehre Montesquieus unterwarf sich der große König später selbst den (zivilrechtlichen) Landesgesetzen[227], hat sich allerdings an seine eigene Maxime nicht

---

[221] Hierzu *Stölzel*, Rechtsverwaltung (FN 194), S.359.

[222] Politisches Testament von 1752, Rechtspflege (FN 56) S.118.

[223] Erlaß vom 6.9.1815 (Preußische GS S.198).

[224] Vgl. *Stölzel*, Rechtsverwaltung (FN 194) S.433 ff.

[225] Vgl. *Suarez* (FN 220), S.428 f.; *Stölzel*, Rechtsverwaltung (FN 194) S.15 f.; dens., Vorträge (FN 194) S.157 ff.; *Hälschner*, Geschichte des Brandenburgisch-Preußischen Strafrechtes (Bonn 1855) S.184; *Regge* (FN 194) S.18 f., 60. Als Kampfbegriff des bürgerlichen Rechtsstaates meint der Begriff später jeden Eingriff in die Rechtspflege, der eo ipso als ungerecht angesehen wird, vgl. *Merten*, Rechtsstaatlichkeit und Gnade (FN 130), S.38 m. Nachw.; siehe im übrigen oben FN 194.

[226] Vgl. *Stölzel*, Vorträge (FN 194), S.159 f., 162 ff.; *Eberhard Schmidt*, Rechtssprüche (FN 194), S.7 f.

[227] Vgl. *Stölzel*, Vorträge (FN 194) S.164 f.; dens., Rechtsverwaltung (FN 194), S.215; *Kleinheyer/Schröder*, Art. Cocceji in: Deutsche Juristen aus fünf Jahrhunderten (Karlsruhe, Heidelberg 1976), S.61.

immer gehalten, wie der berühmte Prozeß des Müllers Arnold beweist[228].

3. An dieser Stelle bietet sich noch einmal ein Vergleich der beiden Preußen-Könige an. Friedrich Wilhelm I. ist mit dem kriegsgerichtlichen Spruch aus Köpenick keineswegs zufrieden. Zwar versichert er die Richter in seiner Kabinettsordre vom November 1730 zunächst seiner Zufriedenheit in allen Punkten, bevor er seine abweichende Entscheidung im Falle Katte sorgfältig begründet, der näheren Umgebung offenbart er aber seinen Zorn und zeiht die Richter niedriger Absichten, wie der Gesandte Seckendorff berichtet[229]. Dennoch ist von Maßnahmen des so oft als jähzornig beschriebenen Königs gegen die Richter nichts bekannt.

Der aufgeklärte Friedrich dagegen, der in Gerichtshöfen schweigen wollte, fehlt in Sachen des Müllers Arnold nicht nur bei der Beurteilung des Zivilprozesses, sondern verurteilt auch die beteiligten Kammergerichtsräte zu einem Jahr Festungshaft, obwohl der Kriminalsenat des Kammergerichts sie zuvor trotz der Intervention des Königs für schuldlos erklärt hatte.

Welches war nun die größere „Justizkatastrophe" des 18. Jahrhunderts? Der strenge und harte Rechtsspruch Friedrich Wilhelms I., der oberster Gerichtsherr seines Staates war und sich ganz als solcher fühlte und der durch seine Entscheidung den endgültigen Aufstieg Preußens zur europäischen Großmacht vielleicht erst ermöglicht hat – oder der staatsrechtlich nicht unzulässige, sachlich aber unrichtige Machtspruch Friedrichs des Großen, der Diener des Staates und seiner Gesetze sein wollte und noch sieben Jahre zuvor in einer Verordnung dekretiert hatte: „Wir oder Unser Etatsministerium geben keine Entscheidungen, so die Kraft einer richterlichen Sentenz haben"[230]?

---

[228] Hierzu *Stölzel*, Rechtsverwaltung (FN 194), S. 272.; *ders.*, Vorträge (FN 194), S. 170ff.; *Bornhak* (FN 194), S. 251ff.; *Eberhard Schmidt*, Staat und Recht (FN 56), S. 44ff.; *ders.*, Rechtssprüche (FN 194), S. 16ff., 29ff.; *Stammler*, Deutsches Rechtsleben im alten Reich (Berlin 1928), S. 413ff.; *Karl Dickel*, Beiträge zum preußischen Recht, Heft 1: Friedrich der Große und die Prozesse des Müllers Arnold (Marburg 1891); *Gerhard Ritter*, Friedrich der Große – ein historisches Profil (Heidelberg 1954) S. 191f.; auch *Rolf Hočevar*, Hegel und der Preußische Staat (München 1973) S. 32ff.
[229] Vgl. *Gaxotte* (FN 6) S. 83.
[230] Hierzu *Stölzel*, Vorträge (FN 194), S. 172; *Eberhard Schmidt*, Rechtssprüche (FN 194) S. 11.

48

4. Erst der bürgerliche Rechtstaat des 19. Jahrhunderts beseitigt das Bestätigungsrecht des Landesherrn, das sich allerdings in der Militärstrafgerichtsbarkeit[231] bis 1945 erhalten hat, und verbietet Machtsprüche des Souveräns, der den Gesetzen unterworfen wird. Wenn und soweit die Sicherung der „Heiligkeit" dieser Gesetze den Richtern anvertraut ist, müssen diese unabhängig und frei von Einmischungen und Eingriffen sein. Richtersprüche dürfen weder durch Machtsprüche aufgehoben, noch der Konfirmation, Kassation oder Reformation nichtrichterlicher Staatsorgane überlassen werden[232]. Deshalb dekretierte schon Art. 86 Abs. 1 der Preußischen Verfassung von 1850: „Die richterliche Gewalt wird im Namen des Königs durch unabhängige, keiner anderen Autorität als der des Gesetzes unterworfene Gerichte ausgeübt."

Für den Rechtsstaat mit seiner nunmehr verfassungsrechtlich verbürgten richterlichen Unabhängigkeit ist es lebenswichtig, daß alle Angriffe auf richterliche „Wahrsprüche" mit derselben Standfestigkeit, Überlegenheit und Würde zurückgewiesen werden, wie sie sich in dem Schlußvotum[233] Generalleutnant Achaz' von der Schulenburg offenbaren: „Nachdem derselbe nochmals reiflich und wohlüberleget, ob die abgesprochene Sentenz beständig verbleiben könnte, so finde er sich im Gewißen überzeuget, was er nach seinem besten Wissen und Gewißen und nach dem teuer geleisteten Richtereide votiret, daß er dabei verbleiben müsse und solches zu ändern ohne Verletzung seines Gewißens nicht geschehen könne, noch in seinem Vermögen stehe."

---

[231] Vgl. §§ 416 ff. MilStrGO v. 1. 12. 1898 (RGBl. S. 1189); §§ 380 ff. MilStrGO i. d. F. v. 29. 9. 1936 (RGBl. I S. 755); §§ 76 ff. KriegsstrafverfahrensO v. 17. 8. 1939 (RGBl. I S. 1457); siehe auch *Rudolf Absolon*, Wehrgesetz und Wehrdienst 1935–1945 (Boppard 1960) S. 282 f.

[232] Statt aller *Bettermann*, Die Unabhängigkeit der Gerichte und der gesetzliche Richter in: Die Grundrechte, hrsg. von Bettermann/Nipperdey/Scheuner Bd. III/2 (Berlin 1959) S. 542 sub V 1.

[233] Protokoll des Kriegsgerichts vom 31. Oktober 1730 (BPH Rep. 47 A, abgedruckt bei *Hinrichs* Nr. 62 S. 133 f.).

HANS HERMANN VON KATTE

Geboren in Berlin am 28. 2. 1704, enthauptet zu Küstrin am 6. 11. 1730
gemäss Allerhöchster Kabinettsorder vom 1. 11. 1730

Königlich preussischer Leutnant im Kürassierregiment Garče Gens d'Armes
Ritter des Johanniterordens

Gemalt von Georg Lisiéwsky (1674—1750). Die Rückseite des Porträts
trägt auch die Handschrift des Künstlers: "Dises original bild hat der
Seelige frey Herr von Katt mit grossen fleis vertigen lassen von mich
George Liszewsky, Mahler in Berlin Anno 1730."

Katt's Hinrichtung.

www.ingramcontent.com/pod-product-compliance
Lightning Source LLC
Chambersburg PA
CBHW050648190326
41458CB00008B/2464